Dr. Jaerock Lee

Usk: Loodetava tõelisus

*„Usk on loodetava tõelisus,
nähtamatute asjade tõendus.
Selle kohta on ju esivanemad saanud tunnistuse.
Usus me mõistame, et maailmad on valmistatud Jumala Sõna läbi,
nii et nägematust on sündinud nähtav."*
(Heebrealastele 11:1-3)

Usk: Loodetava tõelisus Autor: Dr Jaerock Lee
Kirjastaja: Urim Books (Esindaja: Seongnam Vin)
73, Yeouidaebang-ro 22-gil, Dongjak-gu, Seoul, Korea
www.urimbooks.com

Autoriõigusele allutatud. Seda raamatut või selle osasid ei ole lubatud kirjastaja kirjaliku loata mingil kujul eprodutseerida, otsingusüsteemis säilitada ega edastada mingil kujul ega mingite elektroonsete, mehaaniliste vahenditega sellest fotokoopiaid ega salvestusi teha ega seda mingil muul viisil edastada.

(Piiblitsitaadid: Piibel, Tallinn, 1997 – Eesti Piibliseltsi väljaanne).

Autoriõigus © 2019 – Dr. Jaerock Lee
ISBN: 979-11-263-0470-7 03230
Tõlke autoriõigus © 2013 – Dr. Esther K. Chung. Kasutatud autori loal.

Eelnevalt välja antud korea keeles: Urim Books, 1990

Esmaväljaanne veebruar 2019

Toimetaja: Dr Geumsun Vin
Kujundaja: Urim Books toimetusbüroo
Trükkija: Prione Printing
Lisateabeks võtke palun ühendust aadressil: urimbook@hotmail.com

Eessõna

Ma soovin kõigepealt tänada ja austada Isa Jumalat, kes juhatas meid seda raamatut välja andma.

Armastuse Jumal saatis oma ainusündinud Poja Jeesuse Kristuse lepitusohvriks Aadama sõnakuulmatuse patu tõttu hukkamõistetud inimkonna eest ja sillutas meie jaoks päästetee. Kui keegi usub seda ja avab oma südame Jeesust Kristust Päästjaks vastu võttes, saab ta oma patud andeks, talle antakse Püha Vaimu and ja Jumal tunnistab, et ta on jumalalaps. Lisaks, tal on jumalalapsena õigus saada vastus kõigele, mida ta usu läbi palub. Selle tulemuseks on külluslik elu, kus pole millestki puudust ja ta suudab maailmast võidukalt üle olla.

Piiblis räägitakse, et usuisad uskusid Jumala väge, mille abil loodi midagi eimillestki. Nad kogesid Jumala hämmastavaid tegusid. Jumal on sama eile, täna ja igavesti ja Ta teeb oma kõigeväelise väega samu tegusid neile, kes usuvad ja elavad Piiblisse kirja pandud Jumala Sõna alusel.

Ma olen oma teenistuses viimase 10 aasta jooksul tunnistanud, kuidas paljud Manmini koguduseliikmed on eri eluprobleemidele tõesõna uskudes ja sellele kuuletudes vastused ja lahendused saanud ja sellega Jumalat väga austanud. Kui nad uskusid Jumala Sõna, kus öeldi: *„Ristija Johannese päevist tänini rünnatakse taevariiki ja ründajad kisuvad selle endale"* (Matteuse 11:12) ja nägid suurema usu saamise nimel vaeva, palvetasid ja elasid Jumala Sõna järgi, näisid nad kõige kallimad ja ilusamad olevat.

See töö on neile, kes soovivad kogu südamest võidukat elu elada ja kellel on tõeline usk, mis austab Jumalat, kes jagavad Jumala armastust ja Isanda evangeeliumi. Viimase kahekümne aasta jooksul olen ma kuulutanud väga palju usuteemalisi sõnumeid ja selle raamatu trükkiandmine sai võimalikuks nende valiku ja korrapäraseks toimetamise teel. Ma soovin, et see teos *Usk: Loodetava tõelisus* etendaks majaka rolli, mis juhatab arvukad hinged tõelise usu sisse.

Tuul puhub sealt, kust ta tahab ja seda ei ole võimalik silmaga näha. Aga kui me näeme lehtede õõtsumist tuules, võime me tunnetada ka tuule reaalsust. Samamoodi, kuigi te ei saa Jumalat tegelikult oma silmaga näha, on Ta elav ja tegelikult olemas. Sellepärast võite te vastavalt oma usule Temasse soovitud määra kohaselt Teda näha, kuulda, Ta ligiolu tunnetada ja Teda kogeda.

Jaerock Lee

Sisukord

Usk: Loodetava tõelisus

Eessõna

1. peatükk
Lihalik usk ja vaimne usk   1

2. peatükk
Lihale toetuv meel on Jumala vastu vaenulik   13

3. peatükk
Hävitage igasugused mõtted ja teooriad   29

4. peatükk
Külvake ususeemneid   43

5. peatükk
„Kui Sa võid?" Kõik asjad on võimalikud!   57

6. peatükk
Taaniel toetus vaid Jumalale   69

7. peatükk
Jumal varustab eelnevalt   81

1. peatükk

Lihalik usk ja vaimne usk

„Usk on loodetava tõelisus,
nähtamatute asjade tõendus.
Selle kohta on ju esivanemad saanud tunnistuse.
Usus me mõistame, et maailmad on valmistatud Jumala Sõna läbi,
nii et nägematust on sündinud nähtav."

Heebrealastele 11:1-3

Pastoril on hea meel, kui ta karjal on tõeline usk ja usklikud austavad Jumalat sellega. Ühest küljest, kui mõned neist tunnistavad elavast Jumalast ja oma elust Kristuses, võib pastor rõõmustada ja muutuda oma Jumalalt saadud ülesande täitmisel tulisemaks. Teisalt, kui mõnedel ei õnnestu oma usku täiendada ja neid tabavad katsumused ja piinad, tunneb pastor paratamatult valu ja ta südames on mure.

Ilma usuta ei ole üksnes võimatu Jumalale meelepärane olla ja palvevastuseid saada, aga teil on ka väga raske taevalootust omada ja õiget usuelu elada.

Usk on kristlase elu kõige olulisem alus. See on otsetee pääsemisele ja tegelikult vajalik Jumalalt vastuste saamiseks. Meie ajal ei ole paljudel tõelist usku, sest inimestel puudub usust õige ettekujutus. Neil puudub päästekindlus. Nad ei käi valguses ja ei saa Jumala käest vastuseid, kuigi nad tunnistavad oma usku Jumalasse.

Usk on jagatud kaheks kategooriaks: Lihalik usk ja vaimne usk. Esimeses peatükis selgitatakse, mis on tõeline usk ja kuidas Jumala käest vastuseid saada ja tõelise usu kaudu igavese elu teel juhitud olla.

1. Lihalik usk

Kui te usute silmnähtavat ja oma teadmiste ja mõtetega

vastavuses olevaid asju, on teie usk „lihaliku usu" tüüpi. Lihaliku usuga võib uskuda vaid neid asju, mis on nähtavatest asjadest tehtud. Näiteks, te võite selle abil uskuda, et laud on puust tehtud.

Lihalikku usku kutsutakse ka „teadmisteusuks". Niisuguse lihaliku usuga usutakse vaid seda, mis on kooskõlas ajusse ja mõtetesse talletatuga. Te võite kahtlemata uskuda, et laud on valmistatud puidust, sest te olete näinud või kuulnud seda ja saate sellest aru.

Inimajus on mäluaparaat. Inimesed sisestavad sinna sünnist saadik teadmisi. Nad talletavad ajurakkudese teadmisi selle kohta, mida nad on näinud, kuulnud, vanematelt, vendadelt ja õdedelt, sõpradelt ja ligimestelt ning koolis õppimise käigus saanud ja kasutavad talletatud teadmisi vajaduse kohaselt.

Iga ajusse talletatud teabekilluke ei ole ilmtingimata tõene. Jumala Sõna on tõde, sest see püsib igavesti, aga maailma teadmised muutuvad lihtsalt ja sisaldavad tõe ja vale segu. Kuna maailma inimesed ei mõista tõde täielikult, ei saa nad aru, et valesid kasutatakse tõe asemel. Näiteks, nad usuvad, et evolutsiooniteooria on õige, sest nad õppisid koolis vaid evolutsiooniteooriat ja ei teadnud midagi Jumala Sõnast.

Need, kellele on õpetatud üksnes seda, et asjad on tehtud mingist olemasolevast ainest, ei suuda uskuda, et miski võiks eimillestki sündida.

Kui lihaliku usuga inimest sunnitakse uskuma, et miski on eimillestki tehtud, ei lase ta sünnist saadik talletatud ja usutud teave tal seda uskuda ja ta kahtlused käivad temaga kaasas ning ei lase tal seda uskuda.

Johannese evangeeliumi kolmandas peatükis tuli Nikodeemuse nimeline juutide juht Jeesuse juurde ja rääkis Temaga vaimseist asjust. Jeesus esitas talle vestluse ajal väljakutse ja ütles: *„Te ei usu mind juba siis, kui ma räägin maistest asjadest, kuidas te usuksite siis, kui ma teile räägiksin taevaseid asju?"* (12. salm)

Kristlase elu alguses talletate te Jumala Sõna puudutavaid teadmisi kuulduga võrdeliselt. Aga te ei suuda seda alguses täiesti uskuda ja teie usk on lihalik. Lihaliku usuga tekivad teis kahtlused ja te ei ela Jumala Sõna kohaselt, ei suhtle Jumalaga ja ei võta Ta armastust vastu. Sellepärast kutsutakse lihalikku usku „usuks, millega ei kaasne teod" või „surnud usuks".

Te ei pääse lihaliku usuga. Jeesus ütles Matteuse 7:21: *„Mitte igaüks, kes mulle ütleb: „Isand, Isand!", ei saa taevariiki; saab vaid see, kes teeb mu Isa tahtmist, kes on taevas"* ja Matteuse 3:12: *„Tal on visklabidas käes ja Ta puhastab oma rehealuse ning kogub oma nisud aita, aga aganad põletab Ta ära kustutamatu tulega."* Lühidalt, kui te ei ela Jumala Sõna järgi ja teie usk muutub tegudeta usuks, ei pääse te taevariiki.

2. Vaimne usk

Kui te usute nähtamatuid asju ja inimlike mõtete ja teadmistega kooskõlas mitte olevaid asju, peetakse teid vaimse usu omanikuks. Taolise vaimse usuga võib uskuda, et miski valmistatakse eimillestki. Heebrealastele 11:1 määratleb vaimset usku järgnevalt: *„Usk on loodetava tõelisus, nähtamatute asjade tõendus."* Teiste sõnadega, kui asju vaimusilmadega näha, muutuvad asjad teile reaalseks ja kui nähtamatut ususilmadega näha, ilmneb kindlus, mis aitab uskuda. Vaimne usk pole „teadmisteusuna" tuntud usuga saavutatav ja ilmneb reaalselt.

Näiteks, kui Mooses nägi ususilmadega, lõhenes Punane meri kaheks ja Iisraeli rahvas läks sellest kuiva maad mööda läbi (2. Moosese raamat 14:21-22). Ja kui Moosese järeltulija Joosua ja ta rahvas vaatasid Jeeriko linna ja marssisid seitse päeva ümber linnamüüride, langesid need (Joosua 6:12-20). Usuisa Aabraham suutis Jumala käsule kuuletuda ja ohverdada oma ainsa poja Iisaki, kes oli Jumala tõotatud seeme, sest ta uskus, et Jumal suudab surnuist ellu äratada (1. Moosese raamat 22:3-12). See on üks põhjus, miks vaimset usku kutsutakse „usuks tegudes" ja „elavaks usuks".

Heebrealastele 11:3 öeldakse: *„Usus me mõistame, et maailmad on valmistatud Jumala Sõna läbi, nii et nägematust on sündinud nähtav."* Taevad ja maa ja kõik seal sisalduv, kaasa arvatud päike, kuu, tähed, puud, linnud ja loomad loodi Jumala Sõnaga ja Ta tegi inimkonna maa põrmust. Kõik see sündis eimillestki ja me võime seda fakti vaid vaimse usuga uskuda ja mõista.

Kõik ei valminud silmaga nähtavast või nähtava reaalsuse kaudu, vaid Jumala väega ehk Tema Sõnaga. Sellepärast me tunnistame, et Jumal on kõigeväeline ja teab kõike ja me saame Temalt kõik usus palutu, sest kõigeväeline Jumal on meie Isa ja meie oleme Ta lapsed, seega kõik sünnib meie usu kohaselt.

Vastuste saamiseks ja usu kaudu imede kogemiseks tuleb oma lihalik usk vaimseks muuta. Esiteks tuleb teil aru saada, et ajus sünnist saadik talletatud teadmised ja nende teadmiste alusel moodustunud lihalik usk ei lase teil vaimset usku omada. Teil tuleb lammutada teadmised, mis toovad kahtlusi ja eemaldada oma ajus eksikombel talletatud teadmised. Teis talletatakse üha enam vaimseid teadmisi võrdeliselt sellega, kui palju te Jumala Sõna kuulate ja sellest aru saate ja sama palju, kui te tunnistate Jumala väe kaudu ilmnenud tunnustähti ja imesid ja kogete paljude usklike tunnistuste kaudu ilmnenud tõendeid elava Jumala kohta. Kahtlused kaovad ja teie vaimne usk kasvab.

Te võite Jumala Sõna alusel elada, Temaga osaduses olla ja Temalt vastuseid saada oma vaimse usu kasvu määra kohaselt. Kui te olete täiesti kahtlustest vabaks saanud, võite te usukaljul seista ja omada tugevat usku, millega te võite igas katsumuses ja läbikatsumises võidukalt elada.

Sellise usukaljuga kaasneb Jakoobuse 1:6 hoiatus: *„Aga ta palugu usus, ilma kahtlemata, sest kahtleja sarnaneb tuule tõstetud ja sinna-tänna paisatud merelainega"* ja Jakoobuse 2:14 esitatakse küsimus: *„Mu vennad, mis on sellest kasu, kui keegi ütleb: „Mul on usk!", aga tegusid tal ei ole? Kas see usk suudab teda päästa?"*

Seega, ma õhutan teid meeles pidama, et ainult siis kui te vabanete kõigist kahtlustest, seisate usukalju peal ja näitate üles usutegusid, võib teid pidada vaimse ja tõese usu omanikuks, mille abil te pääsete.

3. Tõeline usk ja igavene elu

Matteuse 25. peatükis kirja pandud tähendamissõna kümnest neitsist õpetab meile palju. Tähendamisõnas öeldakse, et kümme neitsit võtsid oma lambid ja läksid peigmehega kohtuma. Viis nende seast olid targad ja võtsid lampidega pudelites õli kaasa ja võtsid peigmehe edukalt vastu, aga kuna ülejäänud viis neitsit olid rumalad ja ei võtnud oma lampidega õli kaasa, ei saanud nad peigmehega kohtuda. See tähendamissõna selgitab meile, et mõned usklikud, kes elavad ustavat usuelu ja valmistuvad Isanda tagasitulekuks vaimse usuga, pääsevad, aga teised, kes ei valmistu õieti ette, ei jõua pääsemisele, sest neil on surnud usk, millega ei kaasne mingisuguseid tegusid.

Matteuse 7:22-23 äratab Jeesus meid teadmisega, et isegi kui paljud on Tema nimel prohvetlikult kuulutanud, kurje vaime välja ajanud ja imesid teinud, ei pääse nad kõik, sest nad lõpetavad aganatena, kes ei teinud Jumala tahet, vaid harrastasid selle asemel hoopis seadusetust ja tegid pattu.

Kuidas me eristame vilja aganaist? Oxfordi sõnaraamat *The Compact Oxford English Dictionary* tähistab „aganaid" „viljasõkalde või muude seemnete kestana, mis eraldatakse tuulamise või viljapeksu abil." Aganad sümboliseerivad vaimselt usklikke, kes elavad näiliselt Jumala Sõna järgi, aga teevad oma südant tõe kaudu muutmata kurja. Nad käivad igal pühapäeval koguduses, annavad kümnist, paluvad Jumalat, hoolitsevad nõrkade koguduseliikmete eest ja teenivad kogudust, aga nad ei tee neid asju Jumala ees, vaid selleks, et ümbritsevad inimesed neid näeksid. Sellepärast neid liigitatakse aganate hulka ja nad ei jõua pääsemisele.

Vili tähistab usklikke, kes on Jumala tõesõna abil vaimseteks inimesteks muutunud ja kellel on usk, mis ei kõigu mingites oludes ega pöördu vasakule ega paremale. Nad teevad kõike usus. Nad paastuvad usus ja paluvad Jumalat usus, et Jumalalt vastuseid saada. Nad ei tegutse teiste rakendatud jõuga, vaid teevad kõike rõõmu ja tänuga. Kuna nad järgivad Jumala rõõmustamiseks Püha Vaimu häält ja tegutsevad usus, edeneb nende hing, neil on kõiges kordaminek ja hea tervis.

Nüüd õhutan ma teid end läbi vaatama, et näha, kas te olete Jumalat tões ja vaimus ülistanud või tukkunud ja uitmõtteid mõlgutanud ning ülistusteenistuste ajal Jumala Sõna üle kohut mõistnud. Te peate alati tagasi vaatama, et näha, kas te andsite ohvriandi rõõmuga või kas te külvasite vaid kasinalt või vastumeelselt, sest teised vaatasid teid. Mida tugevamaks teie vaimne usk kasvab, seda rohkem tegusid teile järgneb. Ja niikaua kui te teete Jumala Sõna kohaselt, antakse teile elavat usku ja te elate Jumala armastuse ja õnnistusega, käite Temaga ja teil on igas ettevõtmises edu. Kõik Piiblisse kirjapandud õnnistused tabavad teid, sest Jumal täidab oma tõotused ustavalt, nii nagu kirjutatakse 4. Moosese raamatus 23:19: *„Jumal ei ole inimene, et Ta valetaks, inimlaps, et Ta kahetseks. Kas Tema ütleb, aga ei tee, või räägib, aga ei vii täide?"*

Aga kui te osalesite ülistusteenistustel ja palvetasite regulaarselt ja teenisite usinalt kogudust, aga te südamesoovid ei täitu, tuleb teil aru saada, et teie poole peal on midagi valesti.

Kui teil on tõeline usk, tuleb teil Jumala Sõna järgida ja selle alusel elada. Selle asemel, et oma mõtteid toonitada, tuleks teil tunnistada, et vaid Jumala Sõna on tõene ja saada julgustust kõige Jumala Sõna vastase hävitamisest. Teil tuleb Jumala Sõna usina kuulamise kaudu vabaneda igasugusest kurjusest ja lakkamatu palve abil pühitsusele jõuda.

Ei ole tõde, et te pääsete lihtsalt koguduse koosolekute käimise, Jumala Sõna kuulamise ja selle infona talletamise teel.

Kui te selle kohaselt ei ela, on teie usk surnud ja tegudeta. Ainult siis, kui teil on tõeline vaimne usk ja te tegutsete Jumala tahte kohaselt, võite te taevariiki minna ja igavest elu kogeda.

Ma palun, et te võiksite mõista – Jumal tahab, et teil oleks vaimne usk, millega kaasnevad teod ja et te kogeksite tõelise usuga igavest elu ja jumalalaste privileegi!

2. peatükk

Lihale toetuv meel on Jumala vastu vaenulik

„Sest need, kes elavad loomuse järgi,
mõtlevad lihalikke mõtteid, kes aga Vaimu järgi,
need Vaimu mõtteid. Sest lihalik mõtteviis on surm,
Vaimu mõtteviis aga elu ja rahu;
seepärast et lihalik mõtteviis on vaen Jumala vastu,
sest ta ei alistu Jumala Seadusele ega suudagi seda.
Kes elavad oma loomuse järgi,
need ei suuda meeldida Jumalale."

Roomlastele 8:5-8

Tänapäeval on väga palju inimesi, kes käivad koguduses ja tunnistavad oma usku Jeesusesse Kristusesse. Need on meie jaoks rõõmsad ja head sõnumid. Aga meie Isand Jeesus Kristus ütles Matteuse 7:21: *„Mitte igaüks, kes mulle ütleb: „Isand, Isand!", ei saa taevariiki; saab vaid see, kes teeb mu Isa tahtmist, kes on taevas."* Ja Ta lisas Matteuse 7:22-23: *„Paljud ütlevad mulle tol päeval: „Isand, Isand, kas me ei ole Sinu nimel ennustanud ja Sinu nimel kurje vaime välja ajanud ja Sinu nimel teinud palju vägevaid tegusid?" Ja siis ma tunnistan neile: Ma ei ole teid kunagi tundnud, minge ära minu juurest, te ülekohtutegijad!"*

Ja Jakoobuse 2:26 öeldakse: *„Sest nii nagu ihu ilma vaimuta on surnud, nõnda on surnud ka usk ilma tegudeta."* Sellepärast tuleb teil oma usk kuulekuse tegudega täielikuks teha, et teid saaks tunnistada tõelisteks jumalalasteks, kes saavad igale palvele vastuse.

Pärast Jeesuse Kristuse Päästjaks vastu võtmist hakkame me oma meeles Jumala Seaduse üle rõõmustama ja seda täitma. Aga kui me Jumala Seadusest kinni ei pea, teenime me oma lihaga patu seadust ja ei ole Talle meelepärased, sest me liigume lihalike mõtetega Jumalale vaenulikku seisundisse ja ei suuda Jumala Seadusele alluda.

Aga kui me vabaneme lihalikest mõtetest ja järgime vaimseid mõtteid, võib Jumala Vaim meid juhatada, me võime Ta Seadusest kinni pidada ja Talle meeltmööda olla, nii nagu Jeesus täitis käsuseaduse armastusega. Seega, meie üle tuleb Jumala tõotus, mis ütleb: „Kõik on võimalik sellele, kes usub."

Aga vaatame nüüd lähemalt, milline erinevus on lihalikel ja vaimsetel mõtetel. Vaatame, miks lihalikud mõtted on Jumala vastu vaenus ja kuidas neid mõtteid vältida ning Vaimus käia, et Jumalale meelepärane olla.

1. Lihalik inimene mõtleb lihalikest soovidest, aga vaimne inimene soovib vaimseid asju

1) Liha ja liha soovid.

Piiblis leidub terminoloogia, kus räägitakse „lihast", „lihalikest asjust", „lihalikest soovidest" ja „liha tegudest". Need sõnad on sarnase tähendusega ja see kõik kõduneb ja kaob, kui me sellest maailmast lahkume.

Liha toimingud/teod on kirja pandud Galaatlastele 5:19-21: *"Lihaliku loomuse teod on ilmsed, need on: hoorus, rüvedus, kõlvatus, ebajumalateenistus, nõidus, vaen, riid, kiivus, raevutsemine, isemeelsus, lõhed, lahknemised, kadetsemine, purjutamised, prassimised ja muu sarnane, mille eest ma teid hoiatan, nagu ma varemgi olen hoiatanud, et need, kes midagi niisugust teevad, ei päri Jumala riiki."*

Roomlastele 13:12-14 hoiatab apostel Paulus meid lihalike soovide eest, öeldes: *"Öö on lõpule jõudmas ja päev on lähedal.*

Pangem siis maha pimeduse teod, rõivastugem valguse relvadega! Elagem kombekalt nagu päeva ajal, mitte prassimises ega purjutamises, mitte kiimaluses ega kõlvatuses, mitte riius ega kadeduses, vaid rõivastuge Isanda Jeesuse Kristusega ja ärge tehke ihu eest hoolitsemisest himude rahuldamist!"

Meil on meel ja meil on mõtted. Kui me hellitame mõtetes patuseid soove ja ebatõdesid, kutsutakse neid „liha soovideks" ja kui need patusoovid ilmnevad tegude näol, kutsutakse neid „liha tegudeks". Liha soovid ja teod lähevad tõe vastu, seega nende nautijad ei päri jumalariiki.

Seega Jumal hoiatab meid 1. Korintlastele 6:9-10: *„Või te ei tea, et ülekohtused ei päri Jumala riiki? Ärge eksige: ei kõlvatud ega ebajumalateenijad, ei abielurikkujad ega lõbupoisid ega meestepilastajad, ei vargad ega ahned, ei joodikud ega pilkajad ega riisujad päri Jumala riiki!"* ja samuti 1. Korintlastele 3:16-17: *„Eks te tea, et te olete Jumala tempel ja teie sees elab Jumala Vaim? Kui keegi rikub Jumala templi, siis Jumal rikub ka tema, sest Jumala tempel on püha, ja see olete teie."*

Nii nagu ülaltoodud lõikudes öeldakse, tuleb teil aru saada, et ebaõiglased inimesed, kes teevad pattu ja kurje tegusid, ei päri jumalariiki – liha tegude tegijad ei pääse. Püsige ärkvel, et mitte sattuda meie koguduses käimise kaudu pääsemisest rääkivate jutlustajate kiusatuse küüsi. Ma anun teid Isanda nimel, et te uuriksite Jumala Sõna hoolikalt ja ei langeks kiusatusse.

2) Vaim ja vaimu soovid.
Inimene koosneb vaimust, hingest ja ihust; meie ihu hävib. Ihu on vaid vaimu ja hinge koda. Vaim ja hing on hävimatud üksused, mis valitsevad meie meele tegevust ja annavad meile elu. Vaim on kahte liiki: Vaim, mis kuulub Jumalale ja vaim, mis ei kuulu Jumalale. Sellepärast öeldakse 1. Johannese 4:1: *„Armsad, ärge usaldage iga vaimu, vaid katsuge vaimud läbi, kas nad on Jumalast, sest palju valeprohveteid on läinud välja maailma."*

Jumala Vaim aitab meil tunnistada, et Jeesus Kristus on tulnud lihas ja juhatab meid teadma meile Jumala poolt vabalt antut (1. Johannese 4:2; 1. Korintlastele 2:12).

Jeesus ütles Johannese 3:6: *„Lihast sündinu on liha, ja Vaimust sündinu on vaim."* Kui me võtame Jeesuse Kristuse ja Püha Vaimu vastu, tuleb Püha Vaim me südamesse, tugevdab meid, et me saaksime Jumala Sõnast aru, aitab meil tõesõna järgi elada ja juhatab meid, et me saaksime vaimseks inimeseks. Kui Püha Vaim tuleb meie südamesse, elustab Ta taas meie surnud vaimu, seega öeldakse, et me sünnime taas Pühast Vaimust ja saame südame ümberlõikuse kaudu pühitsetud.

Meie Isand Jeesus ütles Johannese 4:24: *„Jumal on Vaim ja kes Teda kummardavad, peavad Teda vaimus ja tões* *kummardama.*" Vaim kuulub neljamõõtmelisse maailma ja seega Jumal, kes on Vaim, ei näe vaid igaühe südant, aga ka teab kõike, mis meid puudutab.

Johannese 6:63, kus öeldakse: *"Vaim on see, kes elustab, lihast ei ole mingit kasu. Sõnad, mis ma teile olen rääkinud, on vaim ja elu,"* selgitab Jeesus, et Püha Vaim annab meile elu ja Jumala Sõna on Vaim.

Ja Johannese 14:16-17 öeldakse: *"„Ja ma palun Isa ja Ta annab teile teise Lohutaja, et Tema oleks teiega igavesti: Tõe Vaimu, keda maailm ei saa võtta vastu, sest ta ei näe Teda ega tunne Teda ära. Teie tunnete Tema ära, sest Ta jääb teie juurde ja on teie sees."* Kui me võtame Püha Vaimu vastu ja saame jumalalasteks, viib Püha Vaim meid tõe sisse.

Püha Vaim elab meie sees pärast seda, kui me Isanda vastu võtame ja sünnitab meie sees vaimu. Ta viib meid tõe sisse ja aitab meil igasugusest ebaõiglusest aru saada ja sellest meelt parandada ning pöörduda. Kui me läheme tõe vastu, ägab Püha Vaim meie sees, annab meile muretunde, õhutab meid me pattudest aru saama ja pühitsusele jõudma.

Püha Vaimu kutsutakse ka Jumala Vaimuks (1. Korintlastele 12:3) ja Isanda Vaimuks (Apostlite teod 5:9; 8:39). Jumala Vaim on igavene Tõde ja eluandev Vaim, kes juhatab meid igavesse ellu.

Teisalt, vaim, kes ei kuulu Jumalale, kuid kes on Jumala Vaimu vastane, ei tunnista, et Jeesus tuli lihas maailma ja seda kutsutakse *„maailma vaimuks"* (1. Korintlastele 2:12), *„antikristuse vaimuks"* (1. Johannese 4:3), *„eksituse vaimudeks"* (1. Timoteusele 4:1) ja *„rüvedateks vaimudeks"* (Johannese ilmutus 16:13). Kõik need vaimud on kuradist. Need pole Tõe Vaimust. Need valevaimud ei anna elu, vaid tõukavad selle asemel inimesed hävingusse.

Püha Vaim tähistab täiuslikku Jumala Vaimu ja seega, kui me võtame Jeesuse Kristuse vastu ja saame jumalalasteks, antakse meile Püha Vaim ja Püha Vaim sünnitab meis vaimu ja õigsuse ja tugevdab meid, et me kannaksime Püha Vaimu vilja, õigsuses ja Valguses. Kui me sarnaneme Püha Vaimu töö läbi Jumalale, juhatab Ta meid, meid kutsutakse jumalalasteks, kes kutsuvad Jumalat „Abba! Isa!", sest me saame lastena lapseõiguse vaimu (Roomlastele 8:12-15).

Seega, me kanname Püha Vaimu üheksat vilja sama palju, kui me oleme Tema poolt juhitud. Need viljad on armastus, rõõm, rahu, pikk meel, lahkus, headus, ustavus, tasadus ja enesevalitsus (Galaatlastele 5:22-23). Me kanname ka õigsuse vilja ja Valguse vilja, mis koosneb igasugusest headusest ja õigsusest ja tõest ja mis aitab meil jõuda täiele pääsemisele (Efeslastele 5:9).

2. Lihalikud mõtted viivad surma, aga vaimsed mõtted viivad ellu ja rahusse

Kui te järgite liha, seate te oma mõtted lihalikele asjadele. Te elate liha kohaselt ja teete pattu. Siis jääb teil Jumala Sõna alusel, kus öeldakse, et „patu palk on surm", üle vaid surma minna. Sellepärast esitab Isand meile küsimuse: *„Mu vennad, mis on sellest kasu, kui keegi ütleb: „Mul on usk!"*, *aga tegusid tal ei ole? Kas see usk suudab teda päästa? Nõnda on ka usuga: kui sel ei ole tegusid, siis on see iseenesest surnud"* (Jakoobuse 2:14, 17).

Kui te suunate oma mõtted lihalikele asjadele, ei pane see teid vaid patustama ja maapealsete probleemide tõttu kannatama, vaid te ei saa ka taevariiki pärida. Seega, te peate seda meeles pidama ja surmama ihu teod, et igavest elu saada (Roomlastele 8:13).

Aga kui te järgite hoopis Vaimu, on teie meel suunatud Vaimule ja te püüate anda oma parimat, et tõe kohaselt elada. Siis aitab Püha Vaim teil vaenlase kuradi ja saatana vastu võidelda, vääradest asjadest vabaneda ja tões käia ning te võite pühitsusele jõuda.

Oletame, et keegi lööb teile põhjuseta vastu põske. Te võite tunda raevu, aga te võite lihalikud mõtted ära ajada ja järgida nende asemel vaimseid mõtteid, pidades meeles Jeesuse ristilöömist. Kuna Jumala Sõnas käsitakse meil teine põsk pöörata, kui meid ühele põsele lüüakse ja alati igas olukorras rõõmustada, võite te andestada, kannatlikult taluda ja teist teenida. Selle tagajärjel ei pea te muret tundma. Niimoodi võite te oma südamesse rahu saada. Te võite enne pühitsusele jõudmist eneses oleva kurja tõttu tahta talle etteheiteid teha ja teda manitseda. Aga kui te olete igasugusest kurjusest vabanenud, tunnete te tema vastu armastust isegi siis, kui te tema vigu näete.

Seega, kui te suunate oma meele vaimsele, taotlete te vaimseid asju ja käite tõesõna alusel. Siis võite te selle tulemusel pääsemisele ja tõelisele elule jõuda ja teie elu on täis rahu ja õnnistust.

3. Lihalikud mõtted on Jumala vastu vaenulikud

Lihalikud mõtted takistavad teil Jumalat palumast, aga vaimsed mõtted õhutavad teid Teda paluma. Lihalikud mõtted toovad kaasa vaenu ja tülisid, aga vaimsed mõtted viivad armastusse ja rahusse. Samamoodi, lihalikud mõtted on tõevastased ja esindavad tegelikult vaenlase kuradi tahet ja mõtteid. Sellepärast ehitab lihalike mõtete järgimine teie ja Jumala vahelise tõkke ja see jääb ette Jumala tahtele teie jaoks.

Lihalikud mõtted ei too rahu, vaid ainult muret, ängi ja probleeme. Ühesõnaga, lihalikud mõtted on täiesti tähendusetud ja neist pole mingit kasu. Meie Isa Jumal on kõigeväeline ja teab kõike ja valitseb Loojana taevaid ja maad ja kõike seal olevat ning samuti meie kõigi vaimu ja ihu. Mida Ta ei annaks oma armastatud lastele? Kui teie isa juhib suurt tööstusgruppi, ei pea te kunagi raha pärast muretsema ja kui teie isa on täiuslik arst, garanteerib see teie hea tervise.

Nii nagu Jeesus ütles Markuse 9:23: *„Kui sa võid! Kõik on võimalik sellele, kes usub,"* vaimsed mõtted toovad teile usu ja rahu, aga lihalikud mõtted ei lase teil Jumala tahet ja tegusid teha, pannes teid muretsema, ängistust tundma ja tuues probleeme. Sellepärast öeldakse Roomlastele 8:7 lihalike mõtete kohta: *„Seepärast et lihalik mõtteviis on vaen Jumala vastu, sest ta ei alistu Jumala Seadusele ega suudagi seda."*

Me oleme jumalalapsed, kes teenivad Jumalat ja kutsuvad Teda „Isaks". Kui teis pole rõõmu ja te tunnete selle asemel vaeva, olete julguse kaotanud ja murelik, tõendab see, et te järgite Jumalalt tulevate vaimsete mõtete asemel hoopis vaenlase kuradi ja saatana poolt valla päästetud lihalikke mõtteid. Siis tuleb teil kohe meelt parandada, sellest pöörduda ja vaimseid mõtteid taotleda, sest me võime Jumalale alistuda ja Talle kuuletuda vaid vaimse meelega.

4. Lihalikud inimesed ei ole Jumalale meeltmööda

Need, kes suunavad oma meele lihale, on Jumala vastased ja ei alistu Jumala Seadusele ega suuda seda teha. Nad on Jumalale sõnakuulmatud ja ei suuda Talle rõõmu valmistada ja kannatavad lõpuks katsumuste ja probleemide tõttu.

Kuna usuisa Aabraham taotles alati vaimseid mõtteid, võis ta kuuletuda isegi Jumala käsule, mis nõudis tema ainsa poja Iisaki põletusohvriks toomist. Aga kuningas Saul, kes järgis lihalikke mõtteid, hüljati lõpuks; Joonat pillutati tugeva tormi käes ja suur kala neelas ta; Iisraeli lapsed pidid 40 aastat pärast väljarännet rasket kõrbeelu kannatama.

Kui te järgite vaimseid mõtteid ja demonstreerite usutegusid, teostuvad teie südamesoovid Laulus 37:4-6 lubatu kohaselt: *„Olgu sul rõõm Isandast; siis Ta annab sulle, mida su süda kutsub! Anna oma tee Isanda hooleks ja looda Tema peale; küll Ta toimetab kõik hästi! Ta toob esile su õiguse nagu valguse ja su õigluse nagu lõuna selguse."*

Igaüks, kes usub tõesti Jumalat, peab kogu vaenlase kuradi tegudest tingitud sõnakuulmatuse ära ajama, pidama Jumala Seadust ja tegema seda, mis on Talle meeltmööda. Siis muutub ta vaimseks inimeseks, kes saab iga palvevastuse.

5. Kuidas järgida Vaimu tegusid?

Jeesus, kes oli Jumala Poeg, tuli maa peale ja sai viljateraks patuste eest ning suri nende eest. Ta sillutas päästetee igaühele, kes Ta jumalalapseks saamiseks vastu võtab ja on lõiganud loendamatult palju vilja. Ta taotles vaid vaimseid mõtteid ja kuuletus Jumala tahtele; Ta elustas surnud, tegi haiged igasugustest tõbedest terveks ja avardas jumalariiki.

Mida teil tuleb teha, et Jeesusele sarnaneda ja Jumalale meelepärane olla?

Esiteks tuleb teil palvete kaudu Püha Vaimu abiga elada. Kui te ei palveta, elate te saatana tegude küüsis ja lihalike mõtete kohaselt. Aga kui te palvetate lakkamata, võite te oma ellu Püha Vaimu tegusid vastu võtta, te teate veendunult, mis on õiglane, te seisate patu vastu, olete kohtumõistmisest vaba, järgite Püha Vaimu soove ja teid tehakse Jumala ees õiglaseks. Isegi Jumala Poeg Jeesus tegi palvete kaudu Jumala tegusid. Kuna Jumal tahab, et me palvetaksime lakkamata, saate te järgida vaid vaimseid mõtteid, kui te ei lakka palvetamast, ja olete Jumalale meelepärane.

Teiseks, teil tuleb vaimseid tegusid teha ka siis, kui te seda teha ei soovi. Usk tegudeta on lihtsalt teadmisteusk. See on surnud usk. Kui te teate, mida te tegema peate, aga ei tee seda, on tegu patuga. Seega, kui te tahate Jumala tahet järgida ja Talle meelepärane olla, peate te usutegusid üles näitama.

Kolmandaks, teil tuleb meelt parandada ja ülevalt vägi saada, et teil võiks olla usk, millega kaasnevad teod. Kuna lihalikud mõtted on Jumala suhtes vaenulikud, Talle ebameeldivad ja ehitavad Jumala ja teie vahelisi patumüüre, tuleb teil neist meelt parandada ja need eemaldada. Hea kristlase elus on meeleparandus alati vajalik, aga neist asjadest lahti saamiseks tuleb teil oma süda lõhki käristada ja meelt parandada.

Kui te teete patte, mida te teate, et te ei tohiks teha, tunnete te südames ebamugavustunnet. Kui te parandate pisarais palvetades meelt, lahkub mure ja ängistus, te muutute värskeks, olete Jumalaga lepitatud, teie rahu taastub ja siis võite te oma südamesoovidele vastused saada. Kui te jätkate palvetamist, et igasugusest kurjusest vabaneda, parandate te oma südame lõhkikäristamise kaudu oma pattudest meelt. Püha Vaimu tuli põletab teie patused omadused ära ja patumüürid hävivad. Siis saate te Vaimu tegudega elada ja Jumalale sellega heameelt valmistada.

Kui te tunnete oma südames koormat pärast Jeesusesse Kristusesse uskumise kaudu Püha Vaimu vastuvõtmist, on see põhjustatud teie lihalike mõtete tõttu Jumalale vastu minekust. Seega, teil tuleb tuliste palvetega enese ja Jumala vaheline patumüür hävitada ja järgida siis Püha Vaimu soove ja teha vaimsete mõtete kohaselt Vaimu tegusid. Selle tulemusel täitub te süda rahu ja rõõmuga, te saate palvevastused ja teie südamesoovid täituvad.

Nii nagu Jeesus ütles Markuse 9:23: *„Kui sa võid! Kõik on võimalik sellele, kes usub,"* ma palun Isanda Jeesuse Kristuse nimel, et igaüks teist võiks vabaneda jumalavastastest lihalikest mõtetest ja käia Püha Vaimu tegude kohaselt usus, et te võiksite Jumalale meelepärased olla, teha Ta piiramatuid tegusid ja laiendada jumalariiki!

3. peatükk

Hävitage igasugused mõtted ja teooriad

„Sest ka lihalikus ihus elades
ei sõdi me selle loomuse järgi,
meie võitluse relvad ei ole ju lihalikud,
vaid need on Jumalas vägevad kindluste mahalõhkumiseks.
Me kummutame targutused ja purustame iga kõrkuse,
mis tõstab end jumalatunnetuse vastu,
ja me võtame vangi Kristuse sõnakuulmisse kõik mõtted
ja oleme valmis nuhtlema iga sõnakuulmatust,
kui teie sõnakuulelikkus on saanud täielikuks."

2. Korintlastele 10:3-6

Usku saab taas jaotada kaheks alaliigiks: vaimne usk ja lihalik usk. Lihalikku usku saab samuti kutsuda teadmisteusuks. Kui te esiteks kuulsite Jumala Sõna, saite te teadmisteusu. See on lihalik usk. Aga te saite vaimse usu Jumala Sõna mõistmise ja ellurakendamise kohaselt.

Kui te mõistate Jumala tõesõna vaimset tähendust ja rajate usualuse Sõna alusel elades, teeb see Jumalale rõõmu ja annab teile vaimse usu. Seega te saate selle ülevalt antud vaimse usuga palvevastused ja probleemidele lahendused. Te kohtute ka elava Jumalaga.

Selle kogemuse kaudu lahkuvad kahtlused, hävivad inimlikud mõtted ja teooriad ja te seisate usukalju peal, kus mingisugused katsumused ega piinad ei kõiguta teid. Kui te olete saanud tõeinimeseks ja te süda on Kristuse oma sarnane, tähendab see, et teie usualus on alaliselt rajatud. Sellise usualusega saate te kõik, mida te niisuguse usuga palute.

Nii nagu meie Isand Jeesus ütles Matteuse 8:13: *„Nagu sa oled uskunud, nõnda sündigu sulle!,"* kui te saate täieliku vaimse usu, saate te selle usuga kõik, mida te palute. Te elate siis elu, kus te austate Jumalat kõigega, mida te teete. Te elate Jumala armastuse ja kindlusega ja valmistate Jumalale suurt rõõmu.

Aga vaatleme nüüd lähemalt mõningaid asju, mis puudutavad vaimset usku. Missugused takistused seisavad vaimse usu saamise tee peal ees? Kuidas vaimset usku saada? Missugused õnnistused said vaimsed usuisad Piiblis? Ja lõpuks vaatame me, miks hüljati need, kes suunasid oma meele lihalikele mõtetele.

1. Takistused vaimse usu saamise teel

Vaimse usuga võite te Jumalaga suhelda. Te võite kuulda Püha Vaimu selget häält. Te saate oma palvetele ja palumistele vastused. Te võite Jumalat austada söögi, joogi või kõigega, mida te teete. Ja te elate Jumala soosingu, tunnustuse ja garantiiga.

Miks inimesed ei omanda siis vaimset usku? Vaatame nüüd, missugused tegurid takistavad meil vaimse usu saamist.

1) Lihalikud mõtted.

Roomlastele 8:6-7 öeldakse: *„Sest lihalik mõtteviis on surm, Vaimu mõtteviis aga elu ja rahu; seepärast et lihalik mõtteviis on vaen Jumala vastu, sest ta ei alistu Jumala Seadusele ega suudagi seda."*

Meelt saab jagada kaheks; lihaliku ja vaimse loomuga meeleks. Lihalik meel tähistab igasuguseid lihas talletatud mõtteid ja koosneb igasugustest ebatõdedest. Lihalikud mõtted kuuluvad patu kilda, sest need ei ole Jumala tahtega kooskõlas. Need sünnitavad surma, nii nagu öeldakse Roomlastele 6:23: *„Patu palk on surm."* Aga vaimne meel tähistab tõemõtteid ja on kooskõlas Jumala tahtega – õigluse ja headusega. Vaimsed mõtted sünnitavad elu ja toovad meile rahu.

Oletame näiteks, et teil esineb mingi raskus või katsumus, mida ei ole võimalik inimliku jõu ja võimekusega võita. Lihalikud mõtted toovad teile muret ja ängistust. Aga vaimsed mõtted panevad teid murest vabanema ja tänama ning rõõmustama Jumala Sõna kaudu, mis ütleb: *"Rõõmustage alati, palvetage lakkamatult, tänage kõige eest – sest see on, mida Jumal teilt tahab Jeesuses Kristuses!"* (1. Tessalooniklastele 5:16-18)

Seega, vaimsed mõtted on täpselt lihalike mõtete vastandid, seega te ei alistu lihalike mõtetega Jumala Seadusele ega saa seda teha. Sellepärast on lihalikud mõtted Jumala suhtes vaenulikud ja takistavad meil vaimset usku saada.

2) Liha toimingud/teod.

Liha toimingud/teod tähistavad kõiki patte ja tegudes väljendunud kurjust, nii nagu määratletakse Galaatlastele 5:19-21: *"Lihaliku loomuse teod on ilmsed, need on: hoorus, rüvedus, kõlvatus, ebajumalateenistus, nõidus, vaen, riid, kiivus, raevutsemine, isemeelsus, lõhed, lahknemised, kadetsemine, purjutamised, prassimised ja muu sarnane, mille eest ma teid hoiatan, nagu ma varemgi olen hoiatanud, et need, kes midagi niisugust teevad, ei päri Jumala riiki."*

Kui te ei vabane liha tegudest, ei saa te vaimset usku ega päri jumalariiki. Sellepärast takistavad liha teod teie vaimse usu saamist.

3) Igasugused teooriad.

Websteri sõnaraamatus *The Webster's Revised Unabridged Dictionary* viidatakse sõnale „teooria", mis tähistab „õpetust või asjade kava, mis lõpeb arutluse või mõtisklusega, praktilist külge arvestamata; hüpoteesi; arutlust" või „teaduse üldiste või abstraktsete põhimõtete selgitust." Taoline ettekujutus teooriast on teadmine, mis toetab millegi loomist millestki, aga ei aita meil vaimset usku saada. See pigem piirab meie vaimse usu saamist.

Vaatleme kahte teooriat – loomist ja Darwini evolutsiooniteooriat. Enamik inimestest õppis koolis, et inimkond arenes ahvist. Piiblis räägitakse meile vastupidist – et Jumal lõi inimese. Kui te usute kõigeväelist Jumalat, tuleb teil otsustada järgida mõtet, et loodu on Jumala looming ka siis, kui teile õpetati koolis evolutsiooniteooriat.

Üksnes siis, kui te pöördute koolis õpetatud evolutsiooniteooriast Jumala loomingu poole, saate te vaimse usu. Muul juhul ei lase igasugused teooriad teil vaimset usku omandada, sest evolutsiooniteooria baasilt on võimatu uskuda, et midagi saaks eimillestki teha. Näiteks, inimesed ei suuda isegi teaduse arenedes valmistada eluseemneid, spermat ja munarakke. Kuidas on siis vaimse usu väliselt võimalik uskuda, et miski on eimillestki tehtud?

Seetõttu tuleb meil kummutada need argumendid ja teooriad ning igasugune uhkus ja üleolek, mis seab end tõelise jumalatunnetuse vastu üles ja iga mõte Kristuse sõnakuulelikkuse alla vangi võtta.

2. Saul järgib lihalikke mõtteid ja on sõnakuulmatu

Saul oli Iisraeli kuningriigi esimene kuningas, kuid ta ei elanud Jumala tahtega kooskõlas. Ta asus rahva soovil troonile. Jumal käskis tal amaleklasi rünnata ja täielikult hävitada kõik, mis tal oli ja surmata nii mehed kui naised, lapsed ja väikelapsed, härjad ja lambad, kaamelid ja eeslid, ühtainsatki neist säästmata. Kuningas Saul vallutas amaleklased ja sai suure võidu osaliseks. Aga ta ei täitnud Jumala käsku ja säästis parimad lambad ja härjad.

Saul tegutses lihalike mõtete alusel ja säästis Agagi ja parimad lambad, härjad, nuumveised, talled ja kõik hea, soovides need Jumalale ohvriks tuua. See oli sõnakuulmatu tegu ja Jumal pidas seda kõrkuseks. Jumal noomis teda prohvet Saamueli kaudu ta väärteo tõttu, et ta võiks meelt parandada ja pöörduda. Aga kuningas Saul tõi vabandusi ja toonitas oma õigsust (1. Saamueli raamat 15:2-21).

Tänapäeval tegutsevad väga paljud usklikud Sauli sarnaselt. Nad ei mõista oma ilmselget sõnakuulmatust ega tunnista, kui neid noomitakse nende heaks. Selle asemel toovad nad vabandusi ja toonitavad oma lihalike mõtete alusel oma teid. Lõpuks peetakse neid sõnakuulmatuteks inimesteks, kes järgivad liha nagu Saul. Kuna sajal inimesel sajast on eri arvamus, kui nad tegutsevad oma mõtete alusel, ei saa nad üksmeelsed olla. Kui nad tegutsevad oma mõtete alusel, on nad sõnakuulmatud. Aga kui nad tegutsevad Jumala tõe kohaselt, suudavad nad kuuletuda ja üksmeelsed olla.

Jumal saatis Sauli juurde prohvet Saamueli. Saul ei kuulanud Ta Sõna ja prohvet ütles Saulile: *„Sest vastupanu on otsekui nõiduse patt, tõrksus ebajumalate ja teeravite teenistus. Et sa oled hüljanud Issanda Sõna, siis hülgab temagi sinu kui kuninga"* (1. Saamueli raamat 15:23).

Samamoodi, kui keegi tugineb inimlikele mõtetele ja ei järgi Jumala tahet, on Jumala arvates tegu sõnakuulmatusega ja kui ta ei mõista oma sõnakuulmatust ega pöördu sellest, pole tal muud valikut, kui Sauli kombel Jumala poolt hüljatud saada.

1. Saamueli 15:22 noomis Saamuel Sauli sõnadega: *„Ons Isandal sama hea meel põletus- ja tapaohvreist kui Isanda hääle kuuldavõtmisest? Vaata, sõnakuulmine on parem kui tapaohver, tähelepanu parem kui jäärade rasv."* Hoolimata sellest, kui õiged teie mõtted olla võivad, kui nad lähevad Jumala Sõna vastu, tuleb teil meelt parandada ja neist otsekohe pöörduda. Lisaks peate te oma mõtted Jumala tahetele kuulekaks muutma.

3. Usuisad, kes kuuletusid Jumala Sõnale

Taavet oli Iisraeli teine kuningas. Ta ei järginud lapsest saadik oma mõtteid, vaid käis üksnes usus Jumalasse. Ta ei kartnud karusid ega lõvisid, kui ta karja karjatses ja vahel maadles ta lõvide ja karudega ja võitis nad usus, et karja kaitsta. Hiljem võitis ta vilistide esivõitleja Koljati üksnes usu läbi. Ükskord juhtus, et Taavet ei kuuletunud troonil olles Jumala Sõnale. Kui prohvet noomis teda sellepärast, ei vabandanud ta end välja, vaid parandas otsekohe meelt ja pöördus ja oli lõpuks veelgi rohkem pühitsetud. Seega, lihalike mõtetega inimese Sauli ja vaimse inimese Taaveti vahel oli suur erinevus (1. Saamueli raamat 12:13).

Kui Mooses karjatses kõrbes 40 aasta jooksul kariloomi, hävisid kõik ta mõtted ja teooriad ja ta muutus Jumala ees alandlikuks, kuni Jumal võis teda kutsuda iisraellasi Egiptuse orjapõlvest välja tooma.

Aabraham mõtles inimelike mõtete alusel ja kutsus oma naist „õeks". Aga pärast katsumusi vaimseks inimeseks muutudes suutis ta isegi siis kuuletuda, kui Jumal käskis tal oma ainus poeg Iisak põletusohvriks tuua. Kui ta oleks isegi natuke oma lihalikele mõtetele tuginenud, ei oleks ta sellele käsule mingil moel kuuletunud. Iisak oli ta ainus poeg, kelle ta oli oma vanadusaastatel saanud ja ta oli ka Jumala tõotatud seeme. Seega, inimlike mõtetega oleks ta looma kombel tükeldamine ja põletusohvriks toomine ebasünnis ja võimatu tundunud. Aabraham ei kurtnud kunagi, vaid uskus selle asemel, et Jumal suudab teda ka surnuist ellu äratada ja kuuletus (Heebrealastele 11:19).

Arami kuninga sõjaväe juhataja Naaman oli kuninga poolt väga austatud ja soositud, aga teda tabas pidalitõbi ja ta tuli prohvet Eliisa juurde, et haigusest terveneda. Kuigi ta tõi Jumala töö kogemiseks palju kingitusi kaasa, ei lasknud Eliisa teda sisse, vaid saatis selle asemel oma teenri Naamanile ütlema: *„Mine ja pese ennast Jordanis seitse korda, siis paraneb su ihu ja sa saad puhtaks!"* (2. Kuningate raamat 5:10) Naaman mõtles lihalikult ja pidas seda viisakusetuks ja solvavaks ja muutus maruvihaseks.

Aga ta tegi oma lihalikud mõtted maatasa ja kuuletus oma teenrite nõuandel sellele käsule. Ta kastis end seitse korda Jordani jõkke ja ta ihu taastus ning ta sai puhtaks.

Vesi sümboliseerib Jumala Sõna ja arv „7" tähistab täiuslikkust, seega „seitse korda Jordani jõkke kastmine" tähendab „Jumala Sõnaga täiesti pühitsetuks muutumist." Kui te saate pühitsetud, võite te igasugusele probleemile lahenduse saada. Seega, kui Naaman kuuletus Jumala Sõnale, mida prohvet Eliisa talle prohvetlikult rääkis, sündis ta elus Jumala hämmastav tegu (2. Kuningate raamat 5:1-14).

4. Te võite kuuletuda, kui te ajate inimlikud mõtted ja teooriad ära

Jaakob oli riukalik ja tal olid igasugused mõtted peas, seega ta püüdis oma tahet erinevate sepitsustega teoks teha. Selle tagajärjel koges ta 20 aasta jooksul palju raskusi. Lõpuks oli ta Jabboki jõel väljapääsmatus olukorras. Ta ei saanud onuga tehtud lepingu tõttu onu kotta naasta ega edasi minna, sest ta vanem vend Eesav ootas teiselpool jõge, et teda tappa. Selles meeleheitlikus olukorras hävisid täielikult tema eneseõigus ja kõik ta lihalikud mõtted. Jumal liigutas Eesavi südant ja lepitas ta vennaga. Jumal avas niimoodi elutee, et Jaakob saaks kogu Jumala ettehoolde täita (1. Moosese raamat 33:1-4).

Jumal ütleb Roomlastele 8:5-7: *„Sest need, kes elavad loomuse järgi, mõtlevad lihalikke mõtteid, kes aga Vaimu järgi, need Vaimu mõtteid. Sest lihalik mõtteviis on surm, Vaimu mõtteviis aga elu ja rahu; seepärast et lihalik mõtteviis on vaen Jumala vastu, sest ta ei alistu Jumala Seadusele ega suudagi seda."* Sellepärast tuleb meil hävitada iga arvamus, teooria ja mõte, mis on Jumala tunnetuse vastaselt üles tõusnud. Meil tuleb iga mõte Kristuse sõnakuulelikkuse alla vangistada, et me saaksime vaimse usu ja demonstreeriksime kuulekaid tegusid.

Jeesus andis Matteuse 5:39-42 uue käsu, öeldes: *„Aga mina ütlen teile: Ärge pange vastu inimesele, kes teile kurja teeb, vaid kui keegi lööb sulle vastu paremat põske, keera talle ka teine ette! Ja sellele, kes tahab sinuga kohut käia ning võtta su särki – jäta talle ka kuub! Ja kui keegi sunnib sind käima ühe miili, mine temaga kaks! Anna sellele, kes sinult palub, ja ära pööra selga sellele, kes sinult tahab laenata!"* Te ei saa sellele Seadusele inimlike mõtetega kuuletuda, sest need on tõesõna vastased. Aga kui inimlikud ja lihalikud mõtted hävitada, võite te rõõmuga kuuletuda ja Jumal pöörab teie kuulekuse kaudu kõik teie heaks.

Hoolimata sellest, kui palju kordi te oma huultega usku tunnistate, kui te ei tühista oma mõtteid ja teooriaid, ei saa te Jumala tegudele kuuletuda, neid kogeda ega rikkusesse ja edusse liikuda.

Ma õhutan, et te peaksite meeles Jumala Sõna, mis on kirja pandud Jesaja 55:8-9 ja kus öeldakse: „*Aga minu mõtted ei ole teie mõtted, ja teie teed ei ole minu teed, ütleb Isand. Sest otsekui taevad on maast kõrgemal, nõnda on minu teed kõrgemad kui teie teed, ja minu mõtted kõrgemad kui teie mõtted.*"

Teil tuleb vältida kõiki lihalikke mõtteid ja inimlikke teooriaid ja saada selle asemel omale vaimne usk, mis oli sõjapealikul, keda Jeesus kiitis, sest ta usaldas Jumalat täielikult. Kui sõjapealik tuli Jeesuse juurde ja palus Tal terveks teha tema sulane, kelle kogu ihu oli rabanduse tõttu halvatud, tunnistas ta usu läbi, et ta sulane terveneb siis, kui Jeesus lihtsalt Sõna ütleb. Ta sai oma usu kohase vastuse. Samamoodi, kui teil on vaimne usk, võite te saada igale oma palvele ja anumisele vastuse ja Jumalat täielikult austada.

Jumala tõesõna muudab inimkonna vaimu ja võimaldab

inimestel omandada usk, mis väljendub tegudes. Jumala vastuseid ei saa niisuguse elava ja vaimse usuta. Las igaüks teie seast lammutada kõik lihalikud mõtted ja inimlikud teooriad ja saada vaimne usk, et te võiksite saada kõik, mida te usu läbi palunud olete ja austaksite Jumalat.

4. peatükk

Külvake ususeemneid

„Aga see, keda õpetatakse sõnaga,
jagagu kõike head õpetajale.
Ärge eksige: Jumal ei lase ennast pilgata,
sest mida inimene iganes külvab, seda ta ka lõikab.
Kes oma lihalikule loomusele külvab,
see lõikab lihalikust loomusest kaduvust,
kes aga Vaimule külvab, see lõikab Vaimust igavest elu.
Ärgem tüdigem head tehes, küll me omal ajal ka lõikame,
kui me enne ära ei nõrke! Niisiis, kuni meil on veel aega,
tehkem head kõikidele, eriti aga usukaaslastele!"

Galaatlastele 6:6-10

Jeesus lubas meile Markuse 9:23: *"Kui sa võid! Kõik on võimalik sellele, kes usub."* Seega, kui sõjapealik tuli Tema juurde ja näitas väga suurt usku üles, ütles Jeesus talle: *"Nagu sa oled uskunud, nõnda sündigu sulle!"* (Matteuse 8:13) ja siis ta sulane tervenes selsamal hetkel.

Vaimne usk laseb meil uskuda nähtamatut ja see on ka usk, millega kaasnevad teod ja mis võimaldab meil oma usku tegudes väljendada. Niisugune usk usub, et miski valmistati eimillestki. Sellepärast määratletakse usku Heebrealastele 11:1-3 kohaselt: *"Usk on loodetava tõelisus, nähtamatute asjade tõendus. Selle kohta on ju esivanemad saanud tunnistuse. Usus me mõistame, et maailmad on valmistatud Jumala Sõna läbi, nii et nägematust on sündinud nähtav."*

Kui teil on vaimne usk, on Jumalal teie usust hea meel ja Ta laseb teil saada kõike palutut. Mida me siis peame vaimse usu saamiseks tegema?

Nii nagu põllumees külvab kevadel seemneid ja lõikab sügisel nende vilja, tuleb meil vaimse usu vilja saamiseks ususeemneid külvata.

Aga vaatame nüüd, kuidas ususeemet külvata põllule seemnete külvamise ja nende vilja lõikuse teel. Jeesus rääkis rahvale tähendamissõnades ja Ta ei rääkinud neile midagi ilma tähendamissõnadeta (Matteuse 13:34). Ta tegi nii, sest Jumal on Vaim ja meie – füüsilise maailma inimolenditest elanikud –

ei saa Jumala vaimumaailmast aru. Me saame Jumala tõelisest tahtest aru ainult siis, kui meile õpetatakse vaimumaailma kohta füüsilist maailma puudutavate tähendamissõnadega. Sellepärast selgitan ma teile põllust rääkivate tähendamissõnadega, kuidas ususeemneid külvata ja vaimset usku saada.

1. Ususeemnete külv

1) Esiteks tuleb põld puhastada.

Põllumees vajab eelkõige põldu, kuhu seemned külvata. Põllu sobivaks tegemiseks peab põllumees kasutama õigeid väetisi, maakamara pöörama, kivid koristama ja mättad kultiveerimise käigus purustama, kündes, äestades ja maad harides. Üksnes siis kasvavad põllumaale külvatud seemned hästi ja toovad paljude heade viljadega lõikuse.

Jeesus tutvustas meile Piiblis nelja eritüüpi põldu. Põld tähistab inimsüdant. Esimene põlluliik on teekõrvane maa, kuhu külvatud seemned ei saa võrsuda, sest pind on liiga kõva; teine liik on kivine põld, kuhu külvatud seemned võrsuvad vaevu või kivise maa tõttu võrsuvad neist vaid mõned; kolmas on ohakane põld, kus seemned võrsuvad, kuid ei kasva hästi ega kanna head vilja, sest ohakad lämmatavad nad ära; viimane on neljas põlluliik ehk hea maa, kus seemned võrsuvad, kasvavad hästi, õitsevad ja kannavad palju head vilja.

Samamoodi liigitatakse inimeste südamepinnas neljaks; esimene on südamepinnas teeraja kõrval, kus inimesed ei saa Jumala Sõnast aru; teine südamepinnas on kivine, kus inimesed võtavad Jumala Sõna vastu, kuid langevad katsumuste ja tagakiusu esinemise ajal; kolmas südamepinnas on ohakane, kus maailma mured ja rikkuse petlikkus lämmatab Jumala Sõna ja takistab kuulajatel vilja kanda; viimane on neljas südamepinnas ehk hea maa, kus inimesed mõistavad Jumala Sõna ja kannavad head vilja. Aga hoolimata sellest, milline on teie südamepind, kui te kultiveerite ja puhastate seda põllumehe moel, kes oma põllul vaeva näeb ja higistab, võib ka teie südamemaa heaks muutuda. Kui maa on kõva, tuleb see ümber pöörata ja tasandada; kui maa on kivine, tuleb kivid ära koristada; kui maa on ohakane, tuleb ohakad eemaldada ja maa „väetiste" kasutamise teel heaks muuta.

Kui põllumees on laisk, ei suuda ta maad puhastada ega seda heaks muuta, aga usin põllumees annab endast parima, et hea maa saamiseks maad parandada ja puhastada. Ja kui maast saab siis hea põld, annab see paremat saaki.

Kui teil on usk, püüate te anda enesest parimat, et oma südant vaevahigiga heaks muuta. Siis tuleb teil Jumala Sõnast aru saamiseks, oma südame heaks muutmiseks ja rohke vilja kandmiseks oma pattude vastu verevalamiseni võidelda ja neist vabaneda. Seega, kui me vabaneme Jumala Sõna kohaselt usinalt pattudest ja kurjusest, nii nagu Jumal meil käsib igasugusest kurjusest vabaneda, võite te iga kivi oma südamepinnast eemaldada ja selle heaks muuta.

Põllumees näeb usinalt vaeva ja töötab, sest ta usub, et ta lõikab rikkalikku saaki, kui ta künnab, äestab ja harib maad ja muudab selle heaks. Samamoodi soovin ma, et te usuksite – kui te oma südamemaad harite ja selle heaks maaks muudate, elate te Jumala armastusega, te liigute edusse ja küllusesse ja lähete paremasse taevasesse kohta ning võitlete oma pattude vastu ja vabanete neist, seistes nende vastu verevalamiseni. Siis istutatakse teie südamesse vaimse usu seeme ja te kannate nii palju vilja, kui te saate.

2) Järgmiseks on vajalikud seemned.

Pärast maa puhastamist tuleb külvata seemned ja aidata neil võrsuda. Põllumees külvab erinevaid seemneliike ja lõikab rikkalikku eriliiki vilju – kapsaid, salatit, kõrvitsat, türgi ube, lehmaherneid ja sarnast.

Samamoodi tuleb meil oma südamepõllule eriliiki seemneid külvata. Jumala Sõnas käsitakse meil alati rõõmustada, palvetada lakkamatult, olla kõige eest tänulik, tuua kogu oma kümnis, pühitseda hingamispäeva ja armastuses käia. Kui need Jumala Sõnad on inimsüdamesse istutatud, tärkavad need, võrsuvad ja kasvavad, tuues esile vaimse vilja. Te elate Jumala Sõna alusel ja omate vaimset usku.

3) Vesi ja päikesepaiste on vajalikud.

Selleks, et põllumees saaks hea lõikuse osaliseks, ei piisa vaid põllu puhastamisest ja seemnete ettevalmistamisest. Vaja on ka vett ja päikesepaistet. Alles siis seemned võrsuvad ja kasvavad hästi.

Mida vesi esindab?

Jeesus ütles Johannese 4:14: *„Aga kes iganes joob vett, mida mina talle annan, ei janune enam iialgi, vaid vesi, mille mina talle annan, saab tema sees igavesse ellu voolavaks allikaks."* Vesi tähendab vaimselt „igavesse ellu voolavat vett" ja igavene vesi tähistab Jumala Sõna, nii nagu kirjutatakse Johannese 6:63: *„Sõnad, mis ma teile olen rääkinud, on vaim ja elu."* Sellepärast ütles Jeesus Johannese 6:53-55: *„Tõesti, tõesti, ma ütlen teile, kui te ei söö Inimese Poja liha ega joo Tema verd, ei ole teie sees elu. Kes minu liha sööb ning minu verd joob, sellel on igavene elu ja mina äratan ta üles viimsel päeval, sest minu liha on tõeline roog ja minu veri on tõeline jook."* Selle kohaselt saate te igavese elu teed minna ja vaimset usku omada üksnes siis, kui te loete Jumala Sõna usinalt, kuulate seda ja mõtisklete selle üle.

Järgmiseks, mida päiksevalgus tähistab?
Päikesevalgus aitab seemnetel õieti võrsuda ja hästi kasvada. Samamoodi, kui Jumala Sõna tuleb inimsüdamesse, siis ajab Sõna, mis on valgus, südamest pimeduse välja. See puhastab südame ja muudab südamepinnase heaks. Seega, teil võib olla vaimset usku teie südames oleva valgusega võrdväärselt.

Me õppisime põllunduse tähendamissõnaga, et meil tuleb oma südamepinnas puhastada, head seemned ette valmistada ja neile pärast külvi õieti vett ja päikesevalgust anda. Järgmiseks vaatame seda, kuidas ususeemneid istutada ja kuidas neid kasvatada.

2. Kuidas ususeemneid istutada ja kasvatada

1) Esiteks tuleb teil ususeemned Jumala viisil külvata.

Põllumees külvab seemned erinevalt, vastavalt seemneliigile. Ta istutab mõned seemned sügavale mulla sisse, aga teised seemned istutatakse mulla pindmisesse kihti. Samamoodi tuleb teil Jumala Sõnaga ususeemneid erinevatel viisidel külvata. Näiteks, kui te külvate palvet, tuleb teil siirast südamest kisendada ja pidevalt põlvitada, nii nagu Jumala Sõnas selgitatakse. Ainult siis võite te Jumalalt vastused saada (Luuka 22:39-46).

2) Teiseks, teil tuleb usus külvata.

Nii nagu põllumees on seemnekülvi ajal usin ja innukas, sest ta usub ja loodab, et ta saab lõikuse, tuleb teil ususeemneid ehk Jumala Sõna külvata rõõmuga ja lootuses, et Jumal laseb teil rikkalikku saaki saada. Seega, Ta julgustab meid 2. Korintlastele 9:6-7 sõnadega: *„Aga see on nii: kes kasinasti külvab, see ka lõikab kasinasti, ja kes rohkesti külvab, see ka lõikab rohkesti. Igaüks andku nii, nagu ta süda on lubanud, mitte nördinult või* *sunnitult, sest Jumal armastab rõõmsat andjat."*

Selle maailma ja vaimumaailma seadus näeb ette, et me peame lõikama külvatut. Seega teie südamepinnas paraneb teie usu kasvuga võrdeliselt. Kui te külvate enam, te lõikate enam. Seega, te peate rikkaliku saagi saamiseks igasuguseid seemneid usu, tänu ja rõõmuga külvama.

3) Kolmandaks, te peate seemnevõrsete eest hästi hoolitsema.

Pärast seda, kui põllumees on maa ette valmistanud ja seemned külvanud, peab ta taimi teatud aja jooksul kastma, takistama usside ja putukate kahjustusi putukamürki taimedele pritsides, põldu jätkuvalt väetama ja umbrohu eemaldama. Vastasel juhul taimed närbuvad ja ei kasva. Kui Jumala Sõna on istutatud, tuleb seda ka harida, et seda vaenlase kuradi ja saatana lähenemiskatsete eest hoida. Seda tuleb innuka palvega istutada ja hoida rõõmu ja tänuga, ülistusteenistustel osaledes, kristlikus osaduses sõna võttes, Jumala Sõna lugedes ja kuulates ning teenides. Siis võib külvatud seeme võrsuda, õide puhkeda ja vilja kanda.

3. Õite esiletulek ja viljakandmine

Kui põllumees ei kanna seemnete eest pärast külvi hoolt, söövad ussid need ära ja umbrohi vohab ja takistab seemnete kasvu ja viljakandmist. Põllumees ei tohiks oma töös väsida, vaid peaks kannatlikult taimi kasvatama, kuniks ta koristab head ja rikkalikku vilja. Õige aja tulles seemned kasvavad, puhkevad õide ja lõpuks kannavad mesilaste ja liblikate kaasabil vilja. Kui vili küpseb, võib põllumees lõpuks rõõmuga head vilja koristada. See on väga rõõmustav, kui kogu ta vaevanägemine ja kannatlikkus toob istutatuga võrreldes saja-, kuuekümne- või kolmekümnekordse saagiga hea ja väärtusliku vilja!

1) Esiteks, vaimse õie õidepuhkemine.

Mida siis tähendavad sõnad „ususeemned kasvavad ja puhkevad vaimselt õitsema"? Kui lilled õitsevad, eritavad õied lõhna ja lõhn meelitab mesilased ja liblikad ligi. Samamoodi, kui meie oleme Jumala Sõna seemned oma südamepõllule külvanud ja nende eest kantakse hoolt meie Jumala Sõna põhise elamisega võrdsel määral, võime me vaimselt õide puhkeda ja levitada Kristuse head lõhna. Lisaks saame me etendada maailma valguse ja soola rolli, et paljud inimesed võiksid meie häid tegusid näha ja austada meie taevast Isa (Matteuse 5:16).

Kui teist lähtub Kristuse hea lõhn, ajab see vaenlase kuradi minema ja te saate Jumalat austada oma kodus, ettevõtmistes ja töö juures. Te saate Jumalat austada süües, juues või ükskõik mida tehes. Selle tulemusel kannate te evangeeliumi kuulutamise vilja, teete jumalariiki ja selle õigsust teoks ja muutute oma südamepinnase puhastamise ja heaks muutmise kaudu vaimseks inimeseks.

2) Järgmiseks, viljakandmine ja vilja küpsemine.

Pärast õidepuhkemist tuleb viljakandmise aeg ja kui viljad on küpsed, koristab põllumees need. Kui seda meie usus rakendada, siis missugust vilja me kanname? Me võime kanda igasugust Püha Vaimu vilja, kaasa arvatud Püha Vaimu üheksa vilja, nii nagu kirjutatakse Galaatlastele 5:22-23, Matteuse 5 õndsakskiitmiste vilja ja vaimse armastuse vilja, millest räägitakse 1. Korintlastele 13. peatükis.

Me saame Piibli lugemise ja Jumala Sõna kuulamise kaudu uurida, kas me oleme õites ja kanname vilja ja kui küpsed on meie viljad. Kui viljad on täiesti küpsed, võime me neid igal ajal koristada ja neid vajadusel nautida. Laulus 37:4 öeldakse: *„Olgu sul rõõm Isandast; siis Ta annab sulle, mida su süda kutsub!"* See sarnaneb paljus miljardite dollarite pangakontole paneku ja selle summa soovikohase kulutamisega.

3) Viimaks, te lõikate külvatut.

Põllumees lõikab vastaval hooajal külvatut ja kordab seda igal aastal. Tema saagi kogus erineb vastavalt külvatule ja kui innukalt ja ustavalt ta seemnete eest hoolt kandis.

Kui te külvasite palves, edeneb teie vaim ja kui te külvasite lojaalsusesse ja teenimisse, on teil hea vaimne ja füüsiline tervis. Kui te külvasite usinalt raha, kogete te rahalist õnnistust ja aitate vaeseid, neile võimalikult palju head tehes. Jumal lubab meile Galaatlastele 6:7: *„Ärge eksige: Jumal ei lase ennast pilgata, sest mida inimene iganes külvab, seda ta ka lõikab."*

Paljud Piibli kirjakohad kinnitavad seda Jumala tõotust ja ütlevad, et inimene külvab lõigatut. 1. Kuningate raamatu 17. peatükis räägitakse Sarepta lesest. Kuna maal ei olnud vihma ja oja kuivas ära, oli ta oma pojaga näljasurma äärel. Aga ta külvas jumalamehele Eelijale peotäie jahu vakast ja pisut õli kruusist. Sel ajal, kui toit oli kullast väärtuslikum, ei olnud tal seda usuta võimalik teha. Ta uskus ja toetus Eelija kaudu prohvetlikult ettekuulutatud Jumala Sõnale ja külvas usus. Jumal õnnistas teda selle eest vastutasuks hämmastavalt ja ta võis oma poja ja Eelijaga süüa pika näljaaja lõpuni (1. Kuningate raamat 17:8-16).

Markuse 12:41-44 räägitakse vaesest lesknaisest, kes pani korjanduskarpi kaks vaskmünti, mis olid ühesendise väärtusega. Ta oli väga õnnistatud, kui Jeesus ta teguviisi heaks kiitis!

Jumal kehtestas vaimumaailma seaduse ja ütleb meile, et me võime külvatut lõigata. Aga ma õhutan teid meeles pidama, et kui te tahate lõigata seda, mida te ei ole külvanud, pilkate te Jumalat. Te peate uskuma, et Jumal annab teile külvatuga võrreldes saja-, kuuekümne- või kolmekümnekordse lõikuse.

Põllumehe tähendamissõna abil nägime me, kuidas ususeemneid istutada ja kuidas neid vaimse usu saamiseks kasvatada. Nüüd ma soovin, et te parandaksite oma südamepinnase ja muudaksite selle heaks. Külvake ususeemneid ja kasvatage neid. Seega, teil tuleb võimalikult palju seemneid külvata ja kasvatada neid usu, lootuse ja kannatlikkusega, et saada saja-, kuuekümne- või kolmekümnekordne lõikus. Õige aja saabudes lõikate te vilja ja toote Jumalale suurt au.

Las igaüks teist uskuda iga Piibli Sõna ja külvata ususeemneid Jumala Sõna õpetuse kohaselt, et te kannaksite rikkalikku vilja, austaksite Jumalat ja kogeksite igasuguseid õnnistusi!

5. peatükk

„Kui Sa võid?"
Kõik asjad on võimalikud!

Ja Jeesus küsis tema isalt:
„Kui kaua see juba temaga nõnda on?"
Aga tema ütles: „Lapsest saadik, ja see vaim on teda sageli visanud ka tulle ja vette, et teda hukata.
Aga kui Sa midagi võid – tunne meile kaasa ja aita meid!"
Aga Jeesus ütles talle:
„Sa ütled: Kui sa võid! Kõik on võimalik sellele, kes usub."
Otsekohe hüüdis lapse isa:
„Ma usun, aita mind mu uskmatuses!"
Aga kui Jeesus nägi, et rahvahulk kokku jookseb,
sõitles ta rüvedat vaimu:
„Sina keeletu ja kurt vaim, ma käsin sind,
mine temast välja ja ära tule kunagi enam tema sisse!"
Ja vaim läks välja kisendades ja teda üha raputades ning poiss jäi otsekui surnuks, nii et paljud ütlesid, et ta on surnud.
Aga Jeesus võttis poisi käest kinni,
tõstis ta üles, ja poiss tõusis püsti.

Markuse 9:21-27

Inimesed talletavad oma elukogemused muljetena kõigist oma läbielamistest, kaasa arvatud rõõm, kurbus ja valu. Paljud neist seisavad vahel silmitsi ka tõsiste probleemidega ja kannatavad nende tõttu, sest neile ei leidu lahendust pisarate, vastupidavuse ega teiste abiga.

Need on haigusprobleemid, mida ei ole võimalik ravida kaasaja arstirohtudega, stressist tingitud vaimuhälbed, mida ei saa mingisuguse filosoofia ega psühholoogia abil lahendada, kodused probleemid ja probleemid lastega, mida ei saa ka kõige suurema rikkuse juures lahendada, töised probleemid ja rahahädad, mida ei anna mingisuguste vahendite ega jõupingutustega lahendada. Ja loetelu jätkub. Kes suudab kõiki neid probleeme lahendada?

Markuse 9:21-27 on kirjas Jeesuse ja kurjadest vaimudest seestunud lapse isa vestlus. Laps oli raskelt vaevatud, ta oli kurttumm ja tal olid epilepsiahood. Ta viskus deemonitest seestumise tõttu sageli vette ja tulle. Mil iganes deemonid tema üle võimust võtsid, viskus ta maha ja ta suust tuli vahtu, ta krigistas hambaid ja kangestus.

Aga vaatame nüüd, kuidas isa sai Jeesuselt probleemile lahenduse.

1. Jeesus noomis isa ta uskmatuse tõttu

Laps oli sünnist saadik kurttumm ja ei saanud kedagi

kuulda ning tal oli väga raske end teistele arusaadavaks teha. Teda piinas sageli epilepsia, mille sümptomid väljendusid krampides. Sellepärast pidi isa elama valu ja ängistusega ja tal puudus elulootus.

Aja jooksul kuulis isa uudiseid Jeesusest, kes oli surnud ellu äratanud, haigeid kõiksugustest tõbedest tervendanud, avanud pimedate silmad ja igasuguseid imesid teinud. Uudised istutasid isa südamesse uue lootuse. Ta mõtles: „Kui Tal on niisugune vägi, mis kuuldustele vastas, suudaks ta mu poja kõigist ta haigustest tervendada." Isa oletas, et ta poeg võis terveks saada. Ta tõi oma poja täpselt taolise ootusega Jeesuse juurde ja palus Teda, öeldes: „Aga kui Sa midagi võid – tunne meile kaasa ja aita meid!"

Kui Jeesus kuulis seda, noomis Ta isa ta uskmatuse pärast ja ütles: „Sa ütled: Kui Sa võid? Kõik on võimalik sellele, kes usub." Isa oli Jeesusest kuulnud, aga ei uskunud Teda oma südames.

Kui isa oleks uskunud, et Jeesus oli Jumala Poeg ja Kõigevägevam, kelle jaoks ei olnud mitte midagi võimatut ja Tõde ise, ei oleks ta kunagi Talle öelnud: „Aga kui Sa midagi võid – tunne meile kaasa ja aita meid!"

Usuta on võimatu Jumalale meelepärane olla ja vaimse usuta ei ole võimalik vastuseid saada. Selleks, et isa toda mõista võiks, ütles Jeesus isale: „Aga kui Sa midagi võid?" ja noomis teda, sest ta ei uskunud täielikult.

2. Kuidas täit usku saada

Kui te usute seda, mida ei ole võimalik näha, saab Jumal teie usku aktsepteerida ja seda usku kutsutakse „vaimseks usuks", „tõeliseks usuks", „elavaks uskus" või „usuks tegudes". Niisuguse usuga võib uskuda, et miski valmistati eimillestki, sest usk on loodetava tõelisus, nähtamatute asjade tõendus (Heebrealastele 11:1-3).

Te peate oma südames uskuma risti teed, ülestõusmist, Isanda naasmist, Jumala loomingut ja imesid. Alles siis saab teid täie usu omanikuks pidada. Kui te tunnistate oma usku huultega, on tegu tõelise usuga.

Tõelise usu täielikuks saamiseks on kolm tingimust.

Esiteks, Jumala ja teie vaheline patumüür tuleb hävitada. Kui te leiate, et te olete patumüüri taga, tuleb see meeleparanduse teel hävitada. Lisaks peate te oma pattude vastu verevalamiseni seisma ja vältima igasugust kurjust ning ei või mitte mingisugust pattu teha. Kui te vihkate patte nii palju, et patumõtegi tekitab teile muretunnet ja te muutute patte nähes närviliseks ja murelikuks, kuidas te julgeksite pattu teha? Patuelu asemel võite te Jumalaga suhelda ja täit usku omada.

Teiseks, te peate Jumala tahet järgima. Jumala tahte tegemiseks tuleb teil esiteks Jumala tahte olemust selgelt mõista. Siis, hoolimata sellest, mida te ise soovite, kui tegu ei ole Jumala tahtega, ei tohiks te seda teha. Teisalt, mida iganes te ei soovi teha, kui tegu on Jumala tahtega, tuleb teil seda teha. Kui te järgite Tema tahet kogu südamest, siiralt, jõu ja tarkusega, annab Ta teile täie usu.

Kolmandaks, te peate oma armastusega Jumala vastu Talle meelepärane olema. Kui te teete kõike Jumala austamiseks, süües, juues või ükskõik mida tehes ja kui te olete Jumalale meelepärane isegi ennast ohvriks tuues, saate te alati täie usu osaliseks. Niisugune usk muudab võimatu võimalikuks. Sellise täieliku usuga ei usuta vaid nähtavat ja võimalikku, mida omal jõul korda saata saab, vaid ka nähtamatut ja inimvõimete jaoks võimatut. Seega, kui niisugust täielikku usku tunnistada, muutub kõik võimatu võimalikuks.

Jumala Sõna, kus öeldakse: „Kui Sa võid? Kõik on võimalik sellele, kes usub", tuleb teie üle ja te võite Teda austada kõigega, mida te teete.

3. Miski pole võimatu sellele, kes usub

Kui te saate täieliku usu, ei ole teie jaoks enam midagi võimatut ja te võite saada lahendused igasugustele probleemidele. Missugustes valdkondades te võite kogeda võimatut võimalikuks tegeva Jumala väge? Vaatleme kolme eriliiki valdkonda.

Esimene kolmest – haigusprobleemid.
Oletame, et te olete bakteriaalse või viirusnakkuse tõttu haige. Kui te näitate usku üles ja olete täis Püha Vaimu, põletab Püha Vaimu tuli need haigused ja te saate terveks. Veelgi üksikasjalikumalt, kui te parandate pattudest meelt ja pöördute neist, võite te palve teel terveks saada. Kui te olete usus algaja, tuleb teil oma süda avada ja kuulata Jumala Sõna, kuni te suudate oma usku üles näidata.

Järgmiseks, kui teid tabavad tõsised haigused, mida ei saa meditsiinilise raviga ravida, tuleb teil suurt usku üles näidata. Te võite terveneda ainult siis, kui te parandate oma pattudest põhjalikult meelt, oma südant lõhki käristades ja pisarsilmil palvetades Jumala lähedale hoidudes. Aga nõrga usuga inimesed ja äsja koguduses käima hakanud ei saa enne terveks, kui neile antakse vaimne usk ja kui nad saavad niisuguse usu, tervenevad nad sammuhaaval.

Lõpuks, füüsilist väärarengut, hälbeid, lombakust, kurtust, vaimseid ja füüsilisi puudeid ja pärilikkusega seotud probleeme ei saa Jumala väeta taastada. Taoliste seisunditega inimestel on vaja Jumalale oma siirust näidata ja tuua oma usu tõend Teda armastades ja Talle meelepärane olles, et Jumal võiks neid tunnustada ja siis võiks Jumala väe kaudu tervendustegu ilmneda.

Niisugused tervendusteod sünnivad neile ainult siis, kui nad näitavad üles usutegusid, nii nagu pime kerjus Bartimeus

Jeesust appi hüüdes (Markuse 10:46-52), sõjapealik oma suurt usku ilmutades (Matteuse 8:6-13) ja halvatu oma nelja sõbraga Jeesusele oma usku tõendades (Markuse 2:3-12).

Teiseks – rahaasjad.

Kui rahaprobleemi oma teadmiste, viiside ja kogemustega Jumala abita lahendada püüda, võib probleem vaid teie võimete ja pingutuste kohaselt laheneda. Aga kui te vabanete oma pattudest, järgite Jumala tahet ja annate oma probleemi Jumala kätesse, uskudes, et Ta juhatab teid omal moel, on teie hinge lugu hea, teil on hea käekäik ja tervis. Lisaks, teil on Jumala õnnistused, sest te käite Pühas Vaimus.

Jaakob järgis oma elus inimlikke teid ja tarkust, kuniks ta maadles Jumala ingliga Jabboki jõel. Ingel puudutas ta puusaliigest ja ta puusaliiges nihestus. Ta allutas end Jumala ingliga maadeldes täiesti Jumalale ja jättis kõik Tema kätesse. Sellest ajast peale oli Jumala õnnistus temaga. Samamoodi, kui te armastate Jumalat, olete Talle meelepärane ja annate kõik Tema kätesse, läheb teiega kõik hästi.

Kolmandaks – kuidas vaimujõudu saada.

1. Korintlastele 4:20 kirjutatakse, et jumalariik ei seisne sõnades, vaid väes. Vägi muutub suuremaks ja on võrdväärne meie täie usu omamise määraga. Jumala vägi tuleb meie üle erinevalt, vastavalt meie palvemõõdule, usule ja armastusele. Jumala imetegusid, mis on kõrgemal tasemel, kui tervendusand, saavad teha vaid need, kes võtavad Jumala väe palvete ja paastu

teel vastu.

Seega, kui teil on täielik usk, on võimatu teie jaoks võimalik ja te võite julgelt tunnistada: „Kui Sa võid? Kõik on võimalik sellele, kes usub."

4. „Ma usun, aita mind mu uskmatuses!"

Teie jaoks on igasugustele probleemidele lahenduste leidmiseks olemas vajalik protsess.

Esiteks, protsessi alustamiseks tuleb teil oma huultega positiivset tunnistada.

Oli üks isa, kes oli pikka aega meelehärmi tundnud, sest ta poeg oli kurjadest vaimudest vaevatud. Kui see isa kuulis Jeesusest, igatses ta oma südames Teda näha. Hiljem tõi isa oma poja Jeesuse juurde, oodates, et ehk ta poeg saab mingil moel terveks. Isegi, kui ta polnud selles veendunud, palus ta Jeesusel poeg tervendada.

Jeesus noomis isa, sest ta ütles: „Kui Sa võid!" Aga siis Ta julgustas teda ja ütles: *„Kõik on võimalik sellele, kes usub"* (Markuse 9:23). Isa hüüdis seda julgustavat sõna kuuldes: *„Ma usun, aita mind mu uskmatuses!"* (Markuse 9:23) Seega, ta tunnistas Jeesuse ees positiivset.

Kuna ta kuulis lihtsalt oma kõrvadega, et kõik oli Jeesusega võimalik, mõistis ta seda oma ajuga ja tunnistas oma usku huultega, aga ta ei tunnistanud usku, mis oleks tal südamest uskuda aidanud. Isegi kui tal oli teadmisteusk, sai tema positiivne usutunnistus vaimse usu õhutuseks ja viis ta vastuse saamiseni.

Järgmiseks, teil on vaja vaimset usku, mis aitab teil südamest uskuda.

Deemonitest seestunud lapse isa igatses innukalt vaimset usku ja ütles Jeesusele: *„Ma usun. Aita minu uskmatust!"* (Markuse 9:23) Kui Jeesus kuulis isa palvet, teadis Ta ka, et isal oli siiras süda, ta oli tõene, palus kogu südamest ja uskus, seega Ta andis isale vaimse usu, mis lasi tal kogu südamest uskuda. Seega, kuna isa sai vaimse usu, sai Jumal tema heaks tegutseda ja isa sai Jumalalt vastuse.

Kui Jeesus käskis Markuse 9:25: *„Sina keeletu ja kurt vaim, ma käsin sind, mine temast välja ja ära tule kunagi enam tema sisse!,"* lahkus kuri vaim.

Ühesõnaga, poisi isa ei saanud Jumalalt vastust lihaliku usuga, mis oli vaid talletatud teadmistena. Aga kui ta sai vaimse usu, vastas Jumal talle otsekohe.

Kolmandaks tuleb palves vastuste saamiseni appi hüüda.

Jeremija 33:3 lubab Jumal meile: *„Hüüa mind, siis ma vastan sulle ja ilmutan sulle suuri ja salajasi asju, mida sa ei tea!"* ja Hesekieli 36:37 õpetab Ta meid: *„Veel sedagi ma luban Iisraeli sool paluda mul teha nende heaks."* Ülalkirjutatu kohaselt hüüdsid Jeesus, Vana Testamendi prohvetid ja Uue Testamendi jüngrid appi ja palusid Jumalat, et Temalt vastuseid saada.

Samamoodi, üksnes palves Jumalat appi hüüdes saate te usu, mis laseb teil kogu südamest uskuda ja üksnes selle vaimse usuga saate te oma palvetele ja probleemidele vastused. Te peate palves vastuse saamiseni appi hüüdma ja siis saab võimatu teie jaoks võimalikuks. Deemonitest seestunud lapse isa sai vastuse, sest ta hüüdis Jeesust appi.

See deemonitest seestunud lapse isa lugu õpetab meile tähtsa õppetunni Jumala Seaduse kohta. Selleks, et kogeda Jumala Sõna, kus öeldakse: „Kui Sa võid? Kõik on võimalik sellele, kes usub," tuleb teil lihaliku usu asemel kasutada vaimset usku, mis aitab teil täit usku saada, kaljul seista ja kahtlusteta sõna kuulata.

Protsessi kokkuvõtteks – esiteks, teil tuleb teadmisteusuna talletatud lihaliku usuga positiivset tunnistada. Siis tuleb teil Jumalat palves appi hüüda, kuni te saate vastused. Ja lõpuks tuleb teil saada ülevalt vaimne usk, mis teeb teie jaoks südamest uskumise võimalikuks.

Ja täielike vastuste saamise jaoks kolme tingimuse täitmiseks tuleb teil esiteks Jumala ja teie vaheline patumüür hävitada. Järgmiseks, demonstreerige siiralt oma usku tegudes. Ja siis las teie hinge lugu olla hea. Te saate ülevalt vaimse usu nende kolme tingimuse täitmisega võrdeliselt ja siis saab võimatu võimalikuks..

Kui te püüate asju ise teha, selle asemel, et neid kõigeväelise Jumala kätte anda, esineb teil probleeme ja raskusi. Aga kui hävitada inimlikud mõtted, mis panevad teid midagi võimatuks pidama ja jätta kõik Jumala hooleks, teeb Ta teie heaks kõike –

mis oleks siis võimatu?

Lihalikud mõtted on Jumala vastu vaenujalal (Roomlastele 8:7). Nad takistavad teie usku ja panevad teid negatiivsete tunnistustega Jumalale pettumust valmistama. Nad aitavad saatanal teie vastu süüdistusi tuua ja toovad samuti teile läbikatsumisi, katsumusi ja raskusi. Seega, te peate need lihalikud mõtted hävitama. Hoolimata sellest, missugused probleemid teil esinevad, kaasa arvatud probleemid, mis puudutavad teie hinge head lugu, ettevõtmisi, tööd, haigusi ja perekonda, te peate need Jumala kätesse andma. Teil tuleb kõigeväelise Jumala peale toetuda, uskuda, et Ta teeb võimatu võimalikuks ja igasugused lihalikud mõtted usu läbi hävitada.

Kui te tunnistate positiivset sõnadega: „Mina usun" ja palute Jumalat kogu südamest, annab Jumal teile usu, mille abil te saate kogu südamest uskuda ja selle usuga laseb Ta teil igasugustele probleemidele vastused saada ja Teda austada. See on väga õnnistatud elu!

Ma palun Jeesuse Kristuse nimel, et te võiksite käia vaid usus, et jumalariiki ja selle õigsust teoks teha, evangeeliumi maailmale kuulutades suurt misjonikäsku täita ja teha Jumala tahet oma elus, tehes risti sõdurina võimatu võimalikuks ja lasta Kristuse valgusel särada!

6. peatükk

Taaniel toetus vaid Jumalale

Ja kui ta jõudis augu juurde,
kus Taaniel oli, hüüdis ta kurva häälega;
ja kuningas rääkis ning ütles Taanielile:
„Taaniel, elava Jumala sulane!
Kas su Jumal, keda sa lakkamata oled teeninud,
on suutnud sind päästa lõvide küüsist?"
Siis Taaniel kõneles kuningaga:
„Kuningas elagu igavesti!
Minu Jumal läkitas oma ingli ja sulges lõvide suud,
ja need ei teinud mulle kurja,
sellepärast et mind leiti olevat tema ees süütu;
ja nõnda ei ole ma ka sinu ees,
kuningas, kurja teinud."

Taaniel 6:21-23

Kui Taaniel oli laps, viidi ta Paabelisse orjaks. Aga hiljem sai ta kuninga lemmiku positsiooni ja oli kuninga järel tähtsuselt teine isik. Kuna ta armastas Jumalat äärmiselt palju, andis Jumal talle igasuguse kirjatarkuse ja tarkuse alal teadmisi ja intelligentsust. Taaniel sai isegi igasugustest nägemustest ja unenägudest aru. Ta oli poliitik ja prohvet, kelle kaudu sai Jumala vägi ilmsiks.

Taaniel ei läinud oma eluaja jooksul kunagi Jumalat teenides maailmaga kompromissile. Ta võitis kõik läbikatsumused ja katsumused märtriusuga ja austas Jumalat suurte usuvõitudega. Mida me peame tegema, et temasarnast usku saada?

Vaatame lähemalt, miks Taaniel, kes oli Paabeli kuninga järel tähtsuselt teisel valitsuspositsioonil, visati lõukoerte koopasse ja kuidas ta seal ellu jäi, nii et ta ihul ei olnud ainsatki kriimustust.

1. Usumees Taaniel

Kuningas Rehoboami valitsusajal oli Iisraeli ühendkuningriik kuningas Saalomoni allakäigu tõttu kaheks jagunenud – Juuda lõunapoolseks kuningriigiks ja Iisraeli põhjapoolseks kuningriigiks (1. Kuningate raamat 11:26-36). Jumala käskudele kuulekad kuningad ja riik olid edukad, aga Jumala Seadusele sõnakuulmatud hävisid.

722 e.m.a. varises Iisraeli põhjapoolne kuningriik Assüüria rünnaku all kokku. Sel ajal viidi arvukad inimesed Assüüriasse vangi. Ka lõunapoolne Juuda kuningriik vallutati, aga seda ei

hävitatud.

Hiljem ründas kuningas Nebukadnetsar Juuda lõunapoolset kuningriiki ja vallutas Jeruusalemma linna kolmanda katsega ning hävitas Jumala templi. See juhtus 586 e.m.a.

Juuda kuninga Joojakimi kolmandal valitsusajal tuli Paabeli kuningas Nebukadnetsar Jeruusalemma ja piiras selle ümber. Esimese rünnaku ajal sidus kuningas Nebukadnetsar kuningas Joojakimi pronksahelatesse, et teda Paabelisse viia ja võttis Paabelisse kaasaviimiseks ka esemeid Jumala kojast.

Taaniel oli kuningliku pere liige ja ülikud võeti esimesena vangi. Nad elasid paganate maal, aga Taaniel teenis edukalt erinevaid kuningaid – Paabeli kuningaid Nebukadnetsarit ja Beltsassarit ning Pärsia kuningaid Daarjavest ja Koorest. Taaniel elas kaua aega paganate maades ja teenis neid maid ühe valitsejana, kes oli vaid kuningatest alamal astmel. Aga ta näitas üles usku, mis ei läinud maailmaga kompromissile ja elas Jumala prohvetina võidukat elu.

Paabeli kuningas Nebukadnetsar lasi oma ülemteenril tuua kaasa Iisraeli poegi, kaasa arvatud kuningliku perekonna liikmeid ja ülikute poegi, veatuid noorukeid, kes olid hea väljanägemisega ja intelligentsed igasuguses tarkuses ja kes said teadmistest aru ja olid eristusvõimega ja kes olid kuningakojas teenimiseks võimelised ja ta lasi neile õpetada kaldealaste kirjandust ja keelt ning andis neile kuninga valitud rooga ja veini oma lauast ja määras neile kolmeaastase koolituse. Taaniel oli üks nende seast (Taanieli 1:4-5).

Aga Taaniel otsustas, et ta ei rüveta end kuninga valitud roaga ega joodava veiniga ja taotles selleks ülemteenri luba, et ta ei peaks end rüvetama (Taaniel 1:8). Niisugune oli Jumala Seadust pidada sooviva Taanieli usk. Aga Jumal lasi Taanielil ülemteenri silmis heldust ja armu leida (9. salm). Seega ülevaataja võttis nende roa ja nende joodava veini ära ja andis neile taimetoitu (16. salm).

Kuna Jumal nägi Taanieli usku, andis Ta talle teadmisi ja intelligentsust igasuguses kirjanduses ja tarkuses – Taaniel mõistis isegi igasuguseid nägemusi ja unenägusid (17. salm). Ja kõigis teaduse ja tarkuse asjus, milles kuningas neid küsitles, leidis ta nad olevat kümme korda üle kõigist ennustajaist ja nõidadest, kes olid kogu ta kuningriigis (20. salm).

Hiljem vaevas kuningas Nebukadnetsarit unenägu, mida ta nägi ja mis hoidis teda unetuna ning ükski kaldealane ei suutnud ta unenägu seletada. Aga Taaniel seletas selle Jumala tarkuse ja väe abil ära. Siis edutas kuningas Taanieli ja andis talle palju ande ja tegi temast kogu Paabeli maakonna valitseja ja kõigi Paabeli tarkade ülem-eestseisja (Taaniel 2:46-48).

Taanieli ei soositud ja ei tunnustatud vaid Paabeli kuninga Nebukadnetsari valitsusajal, aga ka Beltsassari valitsusajal. Kuningas Beltsassar kuulutas, et Taanielil oli kuningriigi kolmanda valitseja meelevald. Kui kuningas Beltsassar tapeti ja Daarjaves sai kuningaks, oli Taaniel ikkagi kuninga soosik.

Kuningas Daarjaves määras kuningriigi üle 120 asehaldurit

ja nende üle kolm ametikandjat. Aga sellest ajast peale, kui Taaniel eristus oma erakordse vaimu poolest ametikandjatest ja asehalduritest, plaanis kuningas ta kogu kuningriigi üle määrata. Siis hakkasid ametikandjad ja asehaldurid otsima põhjust, et Taanieli riigiasjus süüdistada, aga nad ei leidnud mingit süüd ega korruptsioonitõendit, sest ta oli ustav ja ta ei olnud midagi unarusse jätnud ega kuidagi korrumpeerunud. Nad haudusid plaani, et leida põhjust Taanieli Jumala Seaduse pärast süüdistamiseks. Nad nõudsid, et kuningas kehtestaks seaduse ja kehtestaks ettekirjutuse, et igaüks, kes kolmekümne päeva jooksul mingit jumalat või inimest peale kuninga palub, tuleb lõukoerte auku visata. Ja nad nõudsid, et kuningas kehtestaks selle ettekirjutuse ja allkirjastaks dokumendi, et see oleks muutumatu meedlaste ja pärslaste seaduse kohaselt, mida ei saa tühistada. Seega kuningas Daarjaves allkirjastas dokumendi ehk ettekirjutuse.

Kui Taaniel sai dokumendi allirjastamisest teada, läks ta oma kotta, kus ta ülakambri aknad olid Jeruusalemma poole avatud ja ta põlvitas seal kolm korda päevas, palvetades oma Jumala poole ja Teda tänades oma varasema kombe kohaselt (Taaniel 6:10). Taaniel teadis, et teda visatakse lõukoerte auku, kui ta astub ettekirjutusest üle, aga ta otsustas märtrisurma kasuks ja teenis vaid Jumalat.

Taaniel pidas isegi Paabeli vangipõlve ajal alati Jumala armu meeles ja armastas Teda kirglikult, iga päev lakkamatult kolm korda põlvitades, paludes ja Teda tänades. Tal oli tugev usk ja ta ei läinud Jumalat teenides kunagi maailmaga kompromissile.

2. Taaniel visati lõukoerte auku

Taanieli kadestavad inimesed tulid kokkuleppele ja leidsid, et Taaniel palus ja anus oma Jumalat. Siis nad lähenesid ja rääkisid kuningaga tema tehtud ettekirjutusest. Viimaks kuningas taipas, et inimesed ei nõudnud temalt ettekirjutuse tegemist tema pärast, vaid oma sepitsuse tõttu, et Taanielist vabaneda ja oli väga üllatunud. Aga kuna ta oli dokumendi allkirjastanud ja ettekirjutuse välja kuulutanud, ei saanud ta ise enam seda tagasi võtta.

Niipea kui kuningas kuulis seda väidet, tundis ta sügavat meelehärmi ja otsustas Taanieli vabastada. Aga ametikandjad ja asehaldurid sundisid kuningat ettekirjutust kehtestama ja kuningal ei jäänud muud üle, kui seda teha.

Kuningas oli sunnitud korraldusi andma ja Taaniel visati lõukoerte auku ning toodi kivi, millega suleti august väljapääs, et Taanieli asjas ei sünniks mingit muudatust.

Siis läks Taanieli soosinud kuningas oma paleesse ja veetis öö paastudes ja ta ei lasknud end mingil moel lõbustada ning veetis unetu öö. Siis ärkas kuningas päevahaku ajal ja kiirustas koidikul lõukoerte augu juurde. Loomulikult eeldati, et kuna Taaniel visati näljaste lõukoerte auku, olid need ta ära söönud. Aga kuningas kiirustas lõukoerte augu juurde eeldusega, et ta oli ellu jäänud.

Sel ajal visati paljud hukkamõistetud kurjategijad lõukoerte auku. Aga kuidas Taaniel võitis näljased lõvid ja jäi seal elama?

Kuningas arvas, et Jumal, keda Taaniel teenis, oli suuteline teda päästma ja tuli augu juurde. Kuningas hüüdis murelikult. Ta rääkis ja ütles Taanielile: "Taaniel, elava Jumala sulane, kas su Jumal, keda sa lakkamatult oled teeninud, on suutnud sind päästa lõvide küüsist?"

Kuninga hämmastuseks kuulis ta lõukoerte august Taanieli häält. Taaniel ütles kuningale: *"Kuningas elagu igavesti! Minu Jumal läkitas oma ingli ja sulges lõvide suud, ja need ei teinud mulle kurja, sellepärast et mind leiti olevat Tema ees süütu; ja nõnda ei ole ma ka sinu ees, kuningas, kurja teinud"* (Taaniel 6:21-22).

Siis oli kuningas väga rõõmus ja andis korralduse Taanieli august väljatoomiseks; ja Taaniel toodi august välja ning tema küljest ei leitud ühtegi viga. See oli äärmiselt hämmastav! See oli suur võit, mis leidis aset Jumalat usaldanud Taanieli usu tõttu! Kuna Taaniel usaldas elavat Jumalat, jäi ta näljaste lõukoerte keskel elama ja ilmutas isegi paganatele Jumala au.

Ja kuningas andis korraldused ning siis toodi Taanieli pahatahtlikult süüdistanud mehed ja visati nemad, nende lapsed ja naised lõukoerte auku ja nad ei olnud veel jõudnud auku langedagi, kui lõvid võtsid nende üle võimust ning murdsid kõik nende kondid (Taaniel 6:24). Siis kirjutas kuningas Daarjaves kõigile rahvastele, suguvõsadele ja keeltele, kes elasid kogu maal ja käskis neil karta Jumalat, tehes neile teatavaks, kes Jumal oli.

Kuningas kuulutas neile: *"Teie rahu olgu suur! Minu poolt*

on antud käsk, et kogu mu kuningriigi võimupiirkonnas tuleb karta Taanieli Jumalat. Sest Tema on elav Jumal ja püsib igavesti. Tema kuningriik ei hukku ja Tema valitsus ei lõpe. Tema päästab ja vabastab, Tema teeb tunnustähti ja imesid taevas ja maa peal, Tema, kes päästis Taanieli lõvide küüsist" (Taaniel 6:26-28).

See oli väga suur usuvõit! Kõik see juhtus, sest Taanielis ei leitud pattu ja ta usaldas täielikult Jumalat. Kui me elame Jumala Sõnas ja oleme Ta armastuses, annab Jumal igasugusest olukorrast ja igasugustest tingimustest väljapääsu ja toob meile võidu.

3. Taaniel, suure usuga võitja

Missugune usk oli Taanielil, et ta võis Jumalat nii suurelt austada? Vaatame, missugune oli Taanieli usk, et me võiksime igasugused katsumused ja piinad võita ja elava Jumala au paljudele ilmutada.

Esiteks, Taaniel ei läinud oma usus kunagi maailmaga mingile kompromissile.

Ta vastutas ühe Paabeli maakonnavanemana peamise asjaajamise eest ja teadis hästi, et kui ta ettekirjutust ei täida, visatakse ta lõukoerte auku. Aga ta ei järginud kunagi inimlikke mõtteid ega tarkust. Ta ei kartnud inimesi, kes tema vastu plaane sepitsesid. Ta põlvitas maha ja palus Jumalat nii nagu varemgi. Kui ta oleks 30 päeva jooksul, kui ettekirjutus oli jõus, inimlikke mõtteid järginud, oleks ta lakanud Jumalat palumast või palvetanud salaja oma toas. Aga Taaniel ei teinud kumbagi. Ta ei püüdnud oma elu sugugi säästa ja ei läinud maailmaga kompromissile. Armastusest Jumala vastu pidas ta üksnes oma usust kinni.

Ühesõnaga, kuigi ta oli teadlik dokumendi allkirjastamisest, läks ta oma koju, kus ta katusekambri aknad olid Jeruusalemma suunas avatud, sest tal oli märtriusk. Ta põlvitas oma endist harjumust järgides ka edaspidi kolm korda päevas palvetades ja Jumalat tänades.

Teiseks, Taanielil oli usk, millega ta ei lakanud palvetamast.

Kui ta sattus olukorda, kus ta pidi surmaks valmistuma, palus ta Jumalat endisel viisil. Ta ei tahtnud teha pattu ja palvetamast lakata (1. Saamueli raamat 12:23).

Palve on meie vaimu hingus, seega me ei tohiks palvetamast lakata. Kui katsumused ja piinad tabavad meid, tuleb meil palvetada ja kui meil on rahu, tuleb meil palvetada, et me ei sattuks kiusatusse (Luuka 22:40). Kuna Taaniel ei lakanud palvetamast, suutis ta usus püsida ja katsumused võita.

Kolmandaks, Taanielil oli usk, millega ta oli igas olukorras tänulik.

Paljud usuisad, kellest Piiblis kirjutatakse, tänasid usus kõige eest, sest nad teadsid, et tõeline usk on igas olukorras tänulik. Kui Taaniel visati Jumala Seaduse järgimise pärast lõukoerte auku, pöördus see ususvõiduks. Isegi siis, kui lõvid oleksid ta ära söönud, oleks ta Jumala käes olnud ja elanud Jumala igaveses kuningriigis. Ta ei kartnud, hoolimata võimalikest tagajärgedest! Kui keegi usub täielikult taevasse, ei ole temas surmakartust.

Isegi kui Taaniel oleks elanud kuninga järel tähtsuselt teise kuningriigi valitsejana rahus, oleks see ikkagi vaid ajutine au olnud. Aga kui ta oleks usus püsides märtrisurma surnud, oleks Jumal teda tunnustanud ja teda jumalariigis suureks pidanud ning ta oleks igaveses säravas aus elanud. Sellepärast ta vaid tänas Jumalat.

Neljandaks, Taaniel ei teinud kunagi pattu. Tal oli usk, millega ta järgis Jumala Sõna ja tegutses selle kohaselt.

Taaniel ei andnud valitsusasjades süüdistuse esitamiseks mitte mingit alust. Temast ei leitud jälgegi korruptsioonist, mingit tegematajätmist ega valskust. Ta elu oli väga puhas!

Taaniel ei kahetsenud ega tundnud vimma kuninga vastu, kes andis korralduse ta lõukoerte auku visata. Selle asemel oli ta ikkagi kuningale ustav ja kõnetas teda sõnadega: „Kuningas elagu igavesti!" Kui ta oleks selles läbikatsumises oma pattude tõttu olnud, ei oleks Jumal teda kaitsta saanud. Aga kuna Taaniel ei teinud pattu, sai Jumal teda kaitsta.

Viiendaks, Taanielil oli usk, millega ta usaldas täiesti vaid Jumalat.

Kui meil on austav jumalakartus, toetume me täiesti Temale ja anname iga asja Tema kätesse ja Ta lahendab kõik meie probleemid. Taaniel usaldas Jumalat täiesti ja toetus täielikult Temale. Seega, ta ei läinud maailmaga kompromissile, vaid otsustas Jumala Seaduse kasuks ja palus, et Jumal aitaks teda. Jumal nägi Taanieli usku ja pööras kõik tema heaks. Õnnistused lisati õnnistustele, et suur au tuleks Jumala käest.

Kui meil on samasugune usk nagu Taanielil, siis võime me võita igasugused katsumused ja raskused oma elus, muuta need õnnistuste võimaluseks ja tunnistada elavast Jumalast. Vaenlane kurat luusib ringi, otsides, keda neelata. Seega meil tuleb kuradile tugeva usuga vastu seista ja elada Jumala kaitsevarju all, Tema Sõnast kinni pidades ja selles püsides.

Kuigi meid tabavad katsumused, mis kestavad vaid üürikese aja, Jumal täiustab, kinnitab, tugevdab ja rajab meid (1. Peetrusele 5:10). Ma palun meie Isanda Jeesuse Kristuse nimel, et teiegi usk võiks olla Taanieli oma sarnane ja et te austaksite Teda!

7. peatükk

Jumal varustab eelnevalt

Aga Isanda ingel hüüdis teda taevast ja ütles:
„Aabraham, Aabraham!"
Ja tema vastas: „Siin ma olen!"
Siis ta ütles: „Ära pane kätt poisi külge ja ära tee temale midagi,
sest nüüd ma tean, et sa kardad Jumalat
ega keela mulle oma ainsat poega!"
Ja Aabraham tõstis oma silmad üles, vaatas, ja ennäe,
üks jäär oli rägastikus sarvipidi kinni.
Ja Aabraham läks ning võttis jäära
ja ohverdas selle põletusohvriks oma poja asemel.
Ja Aabraham pani sellele paigale nimeks „Isand näeb."
Seepärast öeldakse tänapäevalgi:
„Isanda mäel ta näitab end."

1. Moosese raamat 22:11-14

Isand näeb! Selle pelk kuulmine on väga põnev ja meeldiv! See tähendab, et Jumal valmistab kõik ette. Tänapäeval on paljud usklikud kuulnud ja teavad, et Jumal tegutseb, teeb ettevalmistusi ja juhatab meid eelnevalt. Aga suurem osa inimestest ei koge seda Jumala Sõna oma usuelus.

Sõna „Isand näeb" tähendab õnnistust, õigsust ja lootust. Igaüks soovib ja igatseb neid asju. Kui me ei mõista teed, mida see sõna tähistab, ei saa me õnnistuse teele minna. Seega ma soovin teiega jagada, missugune usk oli Aabrahamil – inimesel, kes sai „Isand näeb" õnnistuse.

1. Aabraham seadis Jumala Sõna kõigest ülemaks

Jeesus ütles Markuse 12:30: *„Ja armasta Isandat, oma Jumalat, kogu oma südamega ja kogu oma hingega ja kogu oma mõistusega ja kogu oma jõuga!"* 1. Moosese raamatus 22:11-14 kirjeldatu kohaselt armastas Aabraham Jumalat nii palju, et ta võis Temaga palgest palgesse kõneleda, mõistis Jumala tahet ja sai „Isand näeb" õnnistuse. Teil tuleb aru saada, et see kõik ei juhtunud temaga juhuslikult.

Aabraham pani Jumala esiteks kõige esimesele kohale ja pidas Tema Sõna kõigest muust väärtuslikumaks. Seega, ta ei järginud omi mõtteid ja oli alati valmis Jumalale kuuletuma. Kuna ta oli Jumalale ja iseenesele tõene ning temas ei olnud mingit valskust, oli ta oma südamepõhjas õnnistuste saamiseks valmis.

Jumal ütles Aabrahamile 1. Moosese raamatus 12:1-3: *„Mine omalt maalt, omast sugukonnast ja isakojast maale, mille ma sulle näitan! Ma teen sind suureks rahvaks ja õnnistan sind, ma teen su nime suureks, et sa oleksid õnnistuseks! Siis ma õnnistan neid, kes sind õnnistavad, panen vande alla selle, kes sind neab, ja sinu nimel õnnistavad endid kõik suguvõsad maa peal!"*

Kui Aabraham oleks selles olukorras inimlikult mõtelnud, oleks ta tundnud veidi muret, kui Jumal käskis tal tema maalt, oma sugulaste juurest ja isakojast lahkuda. Aga ta pidas Isa Jumalat, Loojat, peamiseks. Seda tehes suutis ta kuuletuda ja Jumala tahet järgida. Samamoodi võib igaüks, kes tõesti armastab Jumalat, Temale rõõmuga kuuletuda, sest ta usub, et Jumal pöörab kõik tema heaks.

Paljudes kohtades Piiblis näidatakse palju usuisasid, kes pidasid Jumala Sõna peamiseks ja käisid selle kohaselt. 1. Kuningate raamatus 19:20-21 öeldakse: *„Ja Eliisa jättis veised ja jooksis Eelijale järele ning ütles: „Lase mind ometi oma isale ja emale suud anda, siis ma käin su järel!" Ta vastas temale: „Mine, aga tule tagasi, sest ära unusta, mis ma sulle olen teinud!" Ja ta läks tema juurest tagasi, võttis veistepaari ning tappis need; veiste iketega keetis ta liha ning andis rahvale, ja nad sõid. Siis ta tõusis ja käis Eelija järel ning teenis teda."* Kui Jumal kutsus Eelija kaudu Eliisa, jättis ta kohe kõik, mis tal oli ja järgis Jumala tahet.

Jeesuse jüngritega oli samamoodi. Kui Jeesus kutsus nad, järgnesid nad Talle otsekohe. Matteuse 4:18-22 öeldakse: *„Aga Galilea järve randa pidi kõndides nägi Jeesus kaht venda, Siimonat, keda nimetatakse Peetruseks, ja tema venda Andreast, noota heitvat – nad olid ju kalurid – ning ütles neile: „Järgnege mulle ja ma teen teist inimesepüüdjad!" Ja nad jätsid kohe oma võrgud sinnapaika ning järgnesid Talle."*

Sellepärast õhutan ma teid innukalt, et te saaksite usu, millega te võite kuuletuda ükskõik millele, mida Jumal tahab ja peaksite Jumala Sõna peamiseks, et Ta võiks kõik oma väe läbi teie kasuks pöörata.

2. Aabraham ütles alati vastuseks „Jah!"

Jumala Sõna kohaselt lahkus Aabraham oma maalt, Haaranist, ja läks Kaananimaale. Aga kuna seal oli tõsine näljahäda, pidi ta Egiptusemaale minema (1. Moosese raamat 12:10). Kui Aabraham kolis sinna, kutsus ta oma naist „õeks", et end tapmisest säästa. Mõned väidavad selle kohta, et ta pettis end ümbritsevaid inimesi, kui ta ütles neile, et ta naine oli ta õde, sest ta kartis ja oli argpüks. Aga tegelikult ta ei valetanud neile, vaid kasutas lihtsalt oma inimlikku mõtlemist. Seda tõendab fakt, et kui teda kutsuti oma kodumaalt lahkuma, kuuletus ta igasuguse kartuseta. Seega ei ole tõene, et ta pettis teisi oma naist kartusest õeks kutsudeks. Ta ei teinud seda vaid tolletõttu, et naine oli tegelikult tema nõbu, vaid ka sellepärast, et ta pidas paremaks teda „naise" asemel „õeks" kutsuda.

Kui Aabraham oli alles Egiptuse, puhastas Jumal teda, et ta võiks Temale täielikult täie usuga toetuda, inimtarkust ja mõtteid arvestamata. Ta oli alati valmis, et kuuletuda, aga temasse jäid lihalikud mõtted, millest tuli veel vabaneda. Selle katsumusega lasi Jumal Egiptuse vaaraol teda hästi kohelda. Jumal õnnistas Aabrahami palju, andes talle lambaid ja härgi ja eesleid ja meessoost ja naissoost sulaseid ja emaeesleid ja – kaameleid.

See näitab, et kui meid tabavad katsumused, kuna me ei kuuletu, tuleb meil raskusi kannatada, aga kui katsumused tulevad lihalike mõtete tõttu, millest me pole veel vabanenud, kuigi me oleme kuulekad, pöörab Jumal kõik meie kasuks.

See katsumus võimaldas tal vaid „aamen" öelda ja kõiges kuuletuda ja pärast Jumal kiitis teda, et ta andis oma ainsa poja Iisaki põletusohvriks. 1. Moosese raamatus 22:1 öeldakse: *„Pärast neid sündmusi pani Jumal Aabrahami proovile ning ütles temale: „Aabraham!" Ja ta vastas: „Siin ma olen!""*

Kui Iisak sündis, oli Aabraham saja ja ta naine Saara üheksakümne aastane. Lapsevanemate perspektiivist oli neil täiesti võimatu last saada, ent neile sündis poeg üksnes Jumala armust ja Tema tõotuse kaudu ja see poeg oli neile kõigest kõige kallim. Lisaks, ta oli Jumala tõotatud seeme. Sellepärast oli ta nii hämmastunud, kui Jumal käskis tal oma poeg looma kombel põletusohvriks tuua! Seda ei olnud võimalik inimlikult ette kujutada.

Kuna Aabraham uskus, et Jumal suudab ta poja surnuist taas ellu äratada, suutis ta Jumala käsule kuuletuda (Heebrealastele 11:17-19). Teisest küljest, kuna kõik ta lihalikud mõtted olid hävinud, võis tal olla usk, millega oma ainus poeg Iisak põletusohvriks tuua.

Jumal nägi Aabrahami usku ja valmistas põletusohvri jaoks jäära, seega Aabraham ei pidanud oma poja vastu kätt tõstma. Aabraham leidis jäära, kes oli sarvipidi rägastikku kinni jäänud ja võttis selle ning ohverdas ta oma poja asemel põletusohvriks. Ja ta kutsus seda kohta „Isand näeb".

Jumal kiitis Aabrahami tema usu pärast ja ütles 1. Moosese raamatus 22:12: *„Nüüd ma tean, et sa kardad Jumalat ega keela mulle oma ainsat poega!"* ja andis talle 17-18 salmis hämmastava õnnistuse lubaduse: *„Ma õnnistan sind tõesti ja teen su soo väga paljuks – nagu tähti taevas ja nagu liiva mere ääres – ja su sugu vallutab oma vaenlaste väravad! Ja sinu soo nimel õnnistavad endid kõik maailma rahvad, sellepärast et sa võtsid kuulda mu häält!"*

Isegi kui teie usk ei ole Aabrahami usu tasemele jõudnud, võite te vahel kogeda „Isand näeb" õnnistust. Kui te hakkasite midagi tegema, nägite te, et Jumal oli selleks juba oma ettevalmistused teinud. See oli võimalik, sest teie süda püüdles sel hetkel Jumala poole. Kui te suudate Aabrahami laadset usku omada ja kuuletute Jumalale täielikult, elate te igal ajal ja igas kohas „Jumal näeb" õnnistusega – niisugune elu Kristuses on hämmastav!

Selleks, et te saaksite „Isand näeb" õnnistuse, tuleb teil öelda „aamen" igale Jumala käsule ja käia vaid Jumala tahte kohaselt, oma mõtteid üldse kaasamata. Te peate Jumala tunnustuse saama. Sellepärast ütleb Jumal selgelt, et sõnakuulmine on parem kui ohvriandide toomine (1. Saamueli raamat 15:23).

Jeesus eksisteeris Jumala kujul, kuid Ta ei arvanud enesele osaks olla Jumalaga võrdne, Ta loobus iseenese olust, võttes orja kuju, saades inimese sarnaseks. Ta alandas iseennast, saades kuulekaks surmani, pealegi ristisurmani (Filiplastele 2:6-8). Ja 2. Korintlastele 1:19-20 räägitakse Tema täieliku kuulekuse kohta järgmist: *„Sest Jumala Poeg Jeesus Kristus, keda meie, mina, Silvanus ja Timoteos, oleme teie seas kuulutanud, ei olnud „jah" ja „ei", vaid Temas oli „jah". Sest Jumala tõotused, millised iganes need olid, on Kristuses „jah". Seepärast tulgu ka meie suust Tema läbi „aamen" Jumalale kiituseks."*

Nii nagu Jumala ainusündinud Poeg ütles vaid „jah" ja „aamen", peame ka meie kahtlemata ütlema igale Jumala Sõnale vastuseks „aamen" ja Teda „Jumal näeb" õnnistuse vastuvõtmisega austama.

3. Aabraham taotles kõiges rahu ja pühadust

Kuna Aabraham pidas Jumala Sõna kõigest muust ülemaks ja armastas Teda üle kõige, ütles ta Jumala Sõnale vaid „aamen" ja kuuletus täielikult, et Jumalale meelepärane olla.

Lisaks sai ta täiesti pühitsetuks ja taotles alati kõigi teda ümbritsevate inimestega rahu, et Jumal teda tunnustada võiks.

1. Moosese raamatus 13:8-9 ütles ta oma vennapojale Lotile: *„Ärgu olgu riidu minu ja sinu vahel, minu karjaste ja sinu karjaste vahel. Meie, mehed, oleme ju vennad! Eks ole kogu maa su ees lahti? Mine nüüd minu juurest ära, lähed sina vasakut kätt lähen mina paremat kätt; lähed sina paremat kätt, lähen mina vasakut kätt."*

Ta oli Lotist vanem, kuid ta andis Lotile maa valiku võimaluse, et temaga rahu pidada ja ohverdas end. Ta tegi seda, sest ta ei taotlenud omakasu, vaid ta taotles vaimse armastusega hoopis teise kasu. Samamoodi, kui teie elate tões, ei tohiks te tülitseda ega uhkustada, et te võiksite teistega rahu pidada.

1. Moosese raamatus 14:12, 16 kirjutatakse, et kui Aabraham kuulis, et ta vennapoeg Lott oli vangi võetud, asus ta teele, juhatades oma väljaõpetatud mehi, kes olid tema kojas sündinud ja keda oli kokku kolmsada kaheksateist ning ta läks vaenlast taga ajama ja tõi kõik tagasi. Samuti tõi ta tagasi oma sugulase Loti koos tema varaga ja ka naised ning teised inimesed. Ja kuna ta oli täiesti õiglane ja käis õigel teel, andis ta Saalemi kuningale

Melkisedekile kümnendiku tulust, mis Talle kuulus ja naasis ülejäänuga Soodoma kuninga juurde, öeldes: *"Et ma ei võta lõngaotsa ega jalatsipaelagi kõigest sellest, mis on sinu oma, et sa ei saaks öelda: Mina olen Aabrami rikkaks teinud!"* (23. salm) Seega, Aabraham ei taotlenud üksnes kõiges rahu, vaid ta elas ka laitmatut ja õiglast elu.

Heebrealastele 12:14 öeldakse: *"Taotlege rahu kõigiga ja pühitsust, sest ilma selleta ei näe keegi Isandat."* Ma õhutan teid innukalt mõistma, et Aabraham võis saada „Jumal näeb" õnnistuse, kuna ta taotles rahu kõigiga ja jõudis pühitsusele. Ma õhutan teidki temasuguseks saama.

4. Looja Jumala väe uskumine

„Isand näeb" õnnistuse saamiseks tuleb meil Jumala väge uskuda. Heebrealastele 11:17-19 õpetatakse meile: *"Usus viis Aabraham, kui teda proovile pandi, ohvriks Iisaki; tema, kes oli saanud tõotused, oli valmis ohverdama oma ainusündinu; tema, kellele oli öeldud: „Sinu sugu loetakse Iisakist." Sest ta arvestas, et Jumal võib ka surnuist üles äratada, seepärast ta saigi tema tagasi ettetähenduseks."* Aabraham uskus, et Looja Jumala vägi võis kõik võimalikuks teha, seega ta suutis Jumalale kuuletuda ja ei järginud mingisuguseid lihalikke ega inimlikke mõtteid.

Mida te teeksite, kui Jumal käsiks teil oma ainus poeg põletusohvriks tuua? Kui te usute Jumala väge, millega ei ole midagi võimatut, siis suudate te kuuletuda, hoolimata sellest, kui ebameeldiv see ka poleks. Siis te saate „Isand näeb" õnnistuse.

Kuna Jumala vägi on piiramatu, valmistab Ta ette, teostab ja tasub meile õnnistustega, kui me kuuletume täielikult ja ei mõtle Aabrahami kombel ainsatki lihalikku mõtet. Kui me armastame midagi Jumalast enam või ütleme „aamen" üksnes asjadele, mis meie mõtete või teooriatega kooskõlas on, ei saa me kunagi „Isand näeb" õnnistust.

Nii nagu öeldakse 2. Korintlastele 10:5: *„Ja purustame iga kõrkuse, mis tõstab end jumalatunnetuse vastu, ja me võtame vangi Kristuse sõnakuulmisse kõik mõtted,"* peame me „Isand näeb" õnnistuse saamiseks ja kogemiseks vabanema igast inimlikust mõttest ja omandama vaimse usu, mille abil me võime öelda „aamen". Kui Moosesel ei oleks olnud vaimset usku, kuidas ta oleks saanud Punast merd kaheks lõhestada? Kuidas oleks Joosua vaimse usuta Jeeriko linna hävitada saanud?

Kui te kuuletute vaid oma mõtete ja teadmistega kooskõlas olevatele asjadele, ei saa seda vaimseks kuulekuseks pidada. Jumal loob midagi eimillestki, seega kuidas saab Tema vägi olla samasugune kui midagi millestki valmistava inimese tugevus ja teadmised?

Matteuse 5:39-44 kirjutatakse järgmist: *„Aga mina ütlen teile: Ärge pange vastu inimesele, kes teile kurja teeb, vaid kui* *keegi lööb sulle vastu paremat põske, keera talle ka teine ette! Ja sellele, kes tahab sinuga kohut käia ning võtta su särki – jäta talle ka kuub! Ja kui keegi sunnib sind käima ühe miili, mine temaga kaks! Anna sellele, kes sinult palub, ja ära pööra selga sellele, kes sinult tahab laenata! Te olete kuulnud, et on öeldud: Armasta oma ligimest ja vihka oma vaenlast! Aga mina ütlen teile: Armastage oma vaenlasi ja palvetage nende eest, kes teid taga kiusavad."*

See Jumala tõesõna on täiesti erinev meie mõtetest ja teadmistest. Sellepärast ma õhutan teid meeles pidama, et kui te püüate „aamen" öelda vaid sellele, mis on teie mõtetega kooskõlas, ei saa te jumalariiki teoks teha ega „Isand näeb" õnnistust vastu võtta.

Isegi kui te tunnistate usku kõigeväelisesse Jumalasse, kas te olete probleemiga silmitsi seistes vaevatud, rahutu ja murelik? Siis ei saa seda tõeliseks usuks pidada. Kui teil on tõeline usk, tuleb teil Jumala väge usaldada ja iga probleem rõõmu ja tänuga Tema kätesse anda.

Ma palun meie Isanda Jeesuse Kristuse nimel, et igaüks teie seast peaks Jumalat peamiseks, saaks piisavalt kuulekaks, et igale Jumala Sõnale vaid „aamen" vastuseks öelda, kõigi inimestega pühaduses rahu taotleda ja uskuda surnuid taas elustada suutva kõigeväelise Jumala väge, et te võiksite „Isand näeb" õnnistuse saada ja sellest rõõmu tunda!

Autor:
Dr Jaerock Lee

Dr Jaerock Lee sündis 1943. aastal Muanis, Jeonnami provintsis, Korea Vabariigis. Kahekümnesena oli Dr Lee mitmete ravimatute haiguste tõttu seitse aastat haige ja ootas surma ilma paranemislootuseta. Kuid õde viis ta ühel 1974. aasta kevadpäeval kogudusse ja kui ta põlvitas, et palvetada, tervendas elav Jumal ta kohe kõigist haigustest.

Hetkest kui Dr Lee kohtus selle imelise kogemuse kaudu elava Jumalaga, on ta Jumalat kogu südamest siiralt armastanud ja Jumal kutsus ta 1978. aastal end teenima. Ta palvetas tuliselt, et ta võiks Jumala tahet selgelt mõista ja seda täielikult teha ning kuuletuda kogu Jumala Sõnale. 1982. aastal asutas ta Manmini koguduse Seoulis, Lõuna-Koreas ja tema koguduses on aset leidnud arvukad Jumala teod, kaasa arvatud imepärased tervenemised ja imed.

1986. aastal ordineeriti Dr Lee Korea Jeesuse Sungkyuli koguduse aastaassambleel pastoriks ja neli aastat hiljem – 1990. aastal, hakati tema jutlusi edastama Austraalia, Venemaa, Filipiinide ülekannetes ja paljudes muudes kohtades Kaug-Ida ringhäälingukompanii, Aasia ringhäälingujaama ja Washingtoni kristliku raadiosüsteemi vahendusel.

Kolm aastat hiljem, 1993. aastal, valis *Christian World (Kristliku maailma)* ajakiri (USA) Manmini Keskkoguduse üheks „Maailma 50 tähtsamast kogudusest" ja Christian Faith College *(Kristlik Usukolledž)*, Floridas, USA-s andis talle Teoloogia audoktori tiitli ja 1996. aastal sai ta Ph.D. teenistusalase kraadi Kingsway Teoloogiaseminarist Iowas, USA-s.

1993. aastast alates on Dr. Lee juhtinud maailma misjonitööd, viies läbi palju välismaiseid krusaade Tansaanias, Argentinas, L.A.-s, Baltimore City's, Havail ja New York City's USA-s, Ugandas, Jaapanis, Pakistanis, Kenyas, Filipiinidel, Hondurasel, Indias, Venemaal, Saksamaal, Peruus, Kongo Rahvavabariigis, Iisraelis ja Eestis.

2002. aastal kutsuti teda Korea peamistes kristlikes ajalehtedes tema väelise teenistuse tõttu erinevatel väliskoosolekusarjadel „ülemaailmseks äratusjutlustajaks". Ta kuulutas julgelt, et Jeesus Kristus on Messias ja Päästja eriti „New Yorki 2006. aasta koosolekusarja" käigus, mis toimus maailma kuulsaimal laval Madison Square Gardenis ja mida edastati 220 riiki ja Jeruusalemma rahvusvahelises koosolekukeskuses toimunud „2009. aasta Iisraeli ühendkoosolekute sarja" käigus.

Tema jutlusi edastatakse 176 riiki satelliitide kaudu, kaasa arvatud GCN TV ja ta kuulus Venemaa populaarse kristliku ajakirja In Victory *(Võidukas)* ja uudisteagentuuri Christian Telegraph *(Kristlik Telegraaf)* sõnul 2009. ja 2010. aastal oma vägeva teleedastusteenistuse ja välismaiste koguduste pastoriks olemise tõttu kümne kõige mõjukama kristliku juhi sekka.

2019. aasta veebruar alates koosneb Manmini Keskkogudus rohkem kui 130 000 liikmest. Kogudusel on 11000 sisemaist ja välismaist harukogudust, mille hulka kuuluvad 55 kodumaist harukogudust ja praeguseni on sealt välja lähetatud rohkem kui 99 misjonäri 27 maale, kaasa arvatud Ameerika Ühendriigid, Venemaa, Saksamaa, Kanada, Jaapan, Hiina, Prantsusmaa, India, Kenya ja paljud muud maad.

Tänaseni on Dr. Lee kirjutanud 115 raamatut, kaasa arvatud bestsellerid *Maitsedes Igavest elu Enne Surma, Minu Elu, Minu Usk I ja II osa, Risti Sõnum, Usu Mõõt, Taevas I ja II osa, Põrgu, Ärka Iisrael!* ja *Jumala Vägi* ja tema teosed on tõlgitud enam kui 76 keelde.

Tema kristlikud veerud ilmuvad väljaannetes *The Hankook Ilbo, The JoongAng Daily, The Chosun Ilbo, The Dong-A Ilbo, The Seoul Shinmun, The Hankyoreh Shinmun, The Kyunghyang Shinmun, The Korea Economic Daily, The Shisa News* ja *The Christian Press.*

Dr. Lee on praegu mitme misjoniorganisatsiooni ja –ühingu asutaja ja president, kaasa arvatud *Jeesus Kristus Ühendatud Pühaduse Koguduse* (The United Holiness Church of Jesus Christ) esimees; *Ülemaailmse Kristliku Äratusmisjoni Liidu* (The World Christianity Revival Mission Association) asutaja; *Ülemaailmse Kristliku Võrgu CGN* (Global Christian Network GCN) asutaja ja juhatuse esimees; *Ülemaailmse Kristlike Arstide Võrgu WCDN* (The World Christian Doctors Network WCDN) asutaja ja juhatuse esimees; *Manmini Rahvusvahelise Seminari MIS* (Manmin International Seminary MIS) asutaja ja juhatuse esimees.

Teised kaalukad teosed samalt autorilt

Taevas I & II

Üksikasjalik ülevaade taevakodanike toredast elukeskkonnast keset Jumala au ja taevariigi eri tasemete ilus kirjeldus.

Risti sõnum

Võimas äratussõnum kõigile, kes on vaimses unes! Sellest raamatust leiate te põhjuse, miks Jeesus on ainus Päästja ja tõeline Jumala armastus.

Põrgu

Tõsine sõnum kogu inimkonnale Jumalalt, kes soovib, et ükski hing ei sattuks põrgu sügavustesse! Te leiate mitte kunagi varem ilmutatud ülevaate surmavalla ja põrgu julmast tegelikkusest.

Vaim, Hing ja Ihu I & II

Teatmik, kust saab vaimse arusaama vaimu, hinge ja ihu kohta ja mis aitab meil avastada oma „mina", milleks meid tehti, et me saaksime pimeduse võitmiseks väe ja muutuksime vaimseks inimeseks.

Usu Mõõt

Missugune elukoht, aukroon ja tasu on sulle Taevas valmistatud? Sellest raamatust saab tarkust ja juhatust usu mõõtmiseks ja parima ning kõige küpsema usu arendamiseks.

Ärka, Iisrael

Miks on Jumal pidanud Iisraeli maailma algusest kuni tänapäevani silmas? Missugune Jumala ettehoole on lõpuajaks valmistatud Iisraelile, kes ootab Messiase tulekut?

Minu Elu ja Mu Usk I & II

Kõige hõrgum vaimne lõhn, mis tuleb Jumala armastusega õilmitsevast elust keset süngeid laineid, külma iket ja sügavaimat meeleheidet.

Jumala Vägi

Kohustuslik kirjandus, mis on vajalik juhis tõelise usu omamiseks ja Jumala imelise väe kogemiseks.

www.urimbooks.com

www.ingramcontent.com/pod-product-compliance
Lightning Source LLC
LaVergne TN
LVHW041616070526
838199LV00052B/3169